다큐동화로 만나는 한국 근현대사 ❻
하얼빈 의거와 안중근

1판 1쇄 발행 | 2012. 2. 20.
1판 11쇄 발행 | 2019. 11. 27.

이정범 글 | 이유나 그림

발행처 김영사 | **발행인** 고세규
등록번호 제 406-2003-036호 | **등록일자** 1979. 5. 17.
주소 경기도 파주시 문발로 197 (우10881)
전화 마케팅부 031-955-3100 | **편집부** 031-955-3113~20 | **팩스** 031-955-3111
사진제공 권태균 연합뉴스

ⓒ 2012 이정범·이유나

값은 표지에 있습니다.
ISBN 978-89-349-5595-5 74900
ISBN 978-89-349-5458-3(세트)

좋은 독자가 좋은 책을 만듭니다.
김영사는 독자 여러분의 의견에 항상 귀 기울이고 있습니다.
독자의견전화 031-955-3139 | 전자우편 book@gimmyoung.com
홈페이지 www.gimmyoungjr.com | 어린이들의 책놀이터 cafe.naver.com/gimmyoungjr

이 책의 사진은 해당 사진의 저작권자의 허락을 받아 실었습니다.
저작권자를 찾지 못해 게재 허락을 받지 못한 사진은 추후라도 허가를 받겠으니 연락 바랍니다.

어린이제품 안전특별법에 의한 표시사항
제품명 도서 제조년월일 2019년 11월 27일 제조사명 김영사 주소 10881 경기도 파주시 문발로 197
전화번호 031-955-3100 제조국명 대한민국 ⚠주의 책 모서리에 찍히거나 책장에 베이지 않게 조심하세요.

다큐동화로 만나는 한국 근현대사 • ⑥

하얼빈 의거와 안중근

이정범 글 이유나 그림

주니어김영사

머리말

아직은 근현대사가 낯선 어린이들에게

이 책은 '다큐 동화로 만나는 한국 근현대사' 시리즈의 여섯 번째 권입니다. 어린이들에게는 다큐 동화라는 말이 낯설게 여겨질지도 모르겠습니다. 여기에서 '다큐'란 다큐멘터리의 줄임말로 글이나 사진, 영상물 등으로 남겨진 사실적인 기록을 뜻하며 '기록 문학'이란 말과 비슷한 용어입니다. 그러니까 다큐 동화는 '사실적인 기록에 바탕을 두어 동화처럼 꾸며 낸 이야기'라고 볼 수 있습니다.

모두 15권으로 이뤄진 이 시리즈는 우리나라 근대와 현대를 움직였던 인물을 중심으로 가까운 과거의 이야기를 정리한 역사책입니다. 따라서 우리 부모님과 조부모님, 더 나아가서는 증조부모님이나 고조부모님이 어렸을 때의 나라 사정이 어땠는지, 그분들이 어떻게 지금과 같은 사회를 만들었는지 이 시리즈를 통해 생생하게 느낄 수 있으리라 봅니다.

근현대사는 고조선, 삼국 시대, 고려, 조선 시대의 역사보다 훨씬 실감 나며 현대 사회에 직접적인 영향을 주고 있습니다. 그래서 국사 교과서를 보더라도 근현대사가 고대사와 중세사를 합친 것만큼의 비율을 차지할 정도로 중요하게 다루어집니다. 다만 가까운 과거의 이야기이다 보니 역사적인 평가를 내리는 일이 여간 까다롭지 않습니다. 똑같은 사실을 두고도 그것을 보는 사람들의 이념과 입장에 따라 크게 다르거나 아예 정반대로 해석하는 일도 많습니다.

이 시리즈는 우리나라 국민의 자유와 평등, 정의로운 사회, 민주주의, 그리고 자주독립과 민족 통일을 위해 애쓴 분들을 각 권의 중심인물로 다루었습니다. 미처 소개하지 못한 분들도 많이 있지만 여기에 등장하는 인물만으로도 우리 근현대사의 흐름을 한눈에 살펴보기에 충분할 것입니다.

이번 책의 주인공은 하얼빈 의거로 유명한 도마 안중근입니다. 일찍이 황해도의 부잣집에서 태어난 안중근은 글공부와 더불어 사냥 실력을 키우며 어린 시절을 보냈습니다. 안중근은 가난하고 약한 사람을 즐겨 도왔으며 의협심이 강한 성격이었습니다. 제아무리 권력과 지위가 높아도 불의를 보면 참지 못했던 그는 1905년 을사조약이 강제로 체결되자 조국의 독립을 위해 모든 것을 바치기로 다짐했습니다.

안중근은 만주와 연해주에서 항일 의병 투쟁을 이끌다 조선 침략의 원흉으로 일컬어지는 이토 히로부미를 사살하여 한국인의 독립 의지를 전 세계에 보여 주었습니다. 의롭고 값지게 짧은 생애를 마친 안중근을 통해 나라 사랑의 마음을 다져 보기 바랍니다. 아울러 이 책에서는 당시 국내에서 일어났던 국민 계몽 운동과 역사적인 3·1 운동의 배경과 과정, 그 의의에 대해서도 다루었습니다.

2012년 2월, 이정범

차 례

머리말 _4

하얼빈 역에 울린 총소리 _9
　지식의 폭을 넓히는 역사 수첩 _ 그물을 말리는 곳, 하얼빈 _17

불의를 참지 못하는 청년 _18
　지식의 폭을 넓히는 역사 수첩 _ 안중근은 왜 동학당을 무찔렀을까? _37

을사조약과 항일 의병 _38
　지식의 폭을 넓히는 역사 수첩 _ 자주적인 역사관을 세운 신채호 _50
　　　　　　　　　　　　　　　　독립 투쟁의 중심지 간도 _51

일제에 저항하는 의병 투쟁 _52
지식의 폭을 넓히는 역사 수첩 _ 고종 황제의 특사 이준 _62

조국 독립을 피로 맹세하다 _63

거사를 위한 준비 _75
지식의 폭을 넓히는 역사 수첩 _ 안중근의 발자취가 남은 하얼빈 공원 _90

굽힘 없는 옥중 투쟁 _91

의롭고 아름다운 영웅 _101
지식의 폭을 넓히는 역사 수첩 _ 민족의 역사와 정신을 지킨 박은식 _114

활발한 국민 계몽 운동 _115
지식의 폭을 넓히는 역사 수첩 _ 압록강 철교 _128

한국 근대사의 분수령이 된 3·1 운동 _129
지식의 폭을 넓히는 역사 수첩 _ 민족 대표 33인과 48인 _142

깊이를 더하는 역사 수업
▶ 3·1 운동의 현장 _144

(하얼빈 역에 울린 총소리)

1909년 10월 26일 오전 9시, 일본의 거물 정치인 이토 히로부미를 태운 특별 열차가 하얼빈 역으로 들어섰다.

하얼빈 역에서는 러시아의 재무장관 코코프체프를 비롯해 여러 관리들과 이토를 환영하기 위해 몰려든 수많은 일본인, 서양 각국의 외교관들이 기다리고 있었다. 이토 히로부미는 네 차례나 일본의 총리를 지냈으며 초대 조선 통감을 지낸 인물이었다. 또한 고종 황제를 협박해 을사조약과 정미 7조약을 맺게 하여 당시 한국인들은 그를 '조선 침략의 원흉'으로 손꼽았다. 하지만 일본인들에게는 천황 다음으로 추앙받는 정치인이었고, 국제적으로도 명성이 높았다.

당시 하얼빈은 중국 동북 지역의 교통 중심지이며 러시아가 개발한 동청 철도의 기지가 있던 곳이다. 동청 철도는 하얼빈에서 만주 북부를 지나 러시

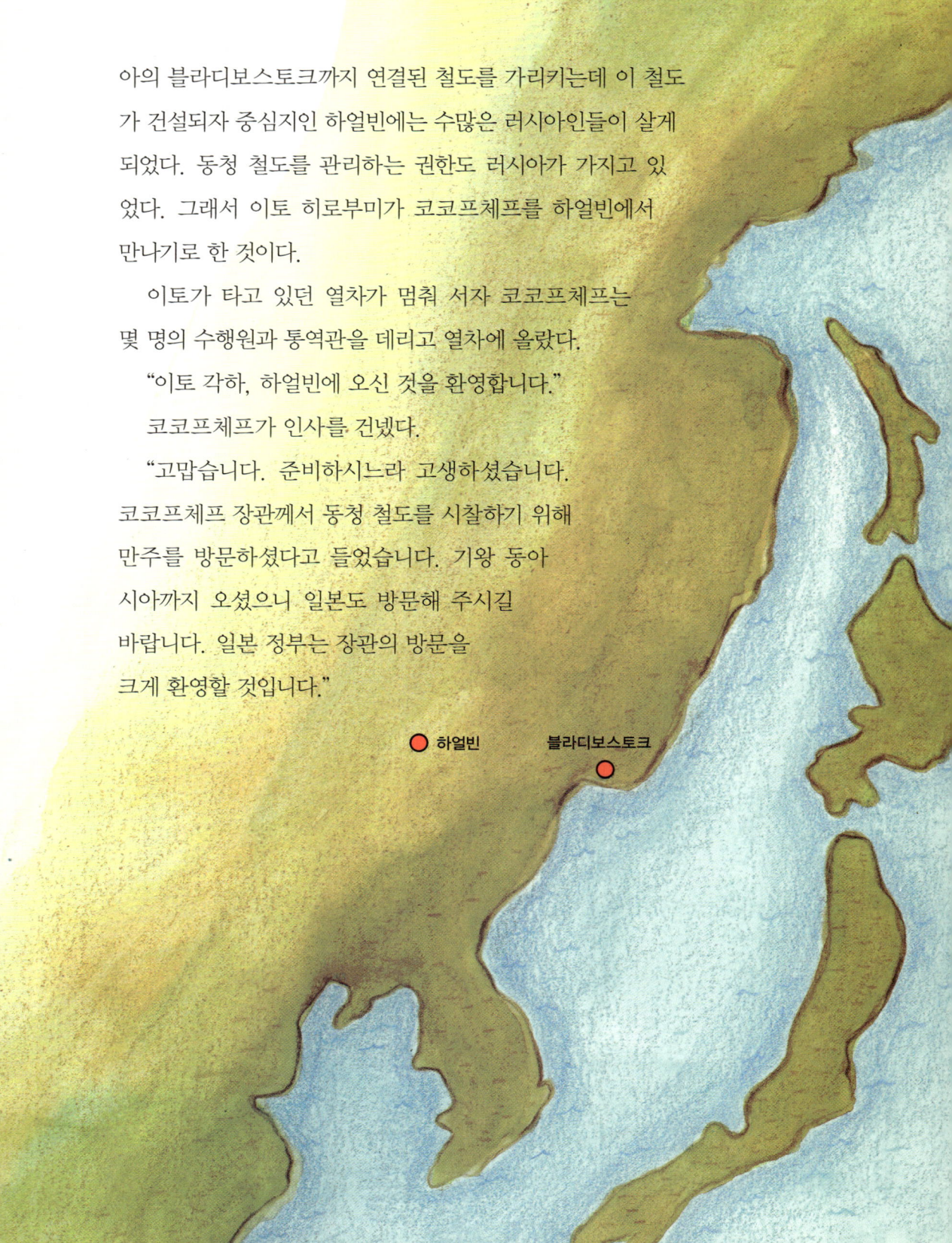

아의 블라디보스토크까지 연결된 철도를 가리키는데 이 철도가 건설되자 중심지인 하얼빈에는 수많은 러시아인들이 살게 되었다. 동청 철도를 관리하는 권한도 러시아가 가지고 있었다. 그래서 이토 히로부미가 코코프체프를 하얼빈에서 만나기로 한 것이다.

 이토가 타고 있던 열차가 멈춰 서자 코코프체프는 몇 명의 수행원과 통역관을 데리고 열차에 올랐다.

 "이토 각하, 하얼빈에 오신 것을 환영합니다."

코코프체프가 인사를 건넸다.

 "고맙습니다. 준비하시느라 고생하셨습니다. 코코프체프 장관께서 동청 철도를 시찰하기 위해 만주를 방문하셨다고 들었습니다. 기왕 동아시아까지 오셨으니 일본도 방문해 주시길 바랍니다. 일본 정부는 장관의 방문을 크게 환영할 것입니다."

"초청해 주셔서 고맙습니다. 기회가 된다면 도쿄를 꼭 방문하겠습니다."

한동안 이런 저런 이야기를 나눈 뒤 코코프체프가 이토에게 말했다.

"이토 각하! 각하를 영접하기 위해 우리 러시아군 의장대가 사열 준비를 마쳤습니다. 또 각하를 뵙기 위해 각국 공사들과 여러 기관장들, 일본 국민들이 기다리고 있습니다."

"하하하, 그렇습니까? 그럼 자세한 이야기는 나중에 나누기로 하고 밖으로 나갑시다."

이토는 코코프체프의 안내를 받으며 열차에서 내렸다.

9시 2분쯤 두 사람이 드디어 승강장에 모습을 드러냈다. 안중근도 그 모습을 지켜보고 있었다. 하지만 일본인 환영객들 뒤쪽에 서 있는 데다 한참 떨어져 있어서 누가 이토 히로부미인지 제대로 확인할 수가 없었다.

열차에서 내린 이토와 코코프체프는 군악대를 지나며 손을 흔들었다. 군악대와 약간 떨어진 곳에 러시아 의장대가 조각상처럼 서 있었다. 그 옆으로는 각국 공사관에서 나온 외교관들이 서 있었고 그다음에 일본인 환영객들이 자리 잡았다. 서양의 기자들도 여러 명 있었다.

안중근은 자신이 서 있는 위치가 적당하지 않다고 생각했다. 그래서 이토가 외국 대표들과 악수를 나누는 동안 러시아 의장대 뒤쪽으로 자리를 옮겼다. 군인들은 양팔을 벌린 정도로 간격을 두고 있었기 때문에 이토 일행이 훨씬 잘 보였다.

안중근은 이토를 보자 갑자기 울분이 치솟았다. 당시 안중근의 심정은 그의 자서전에 잘 나타나 있다.

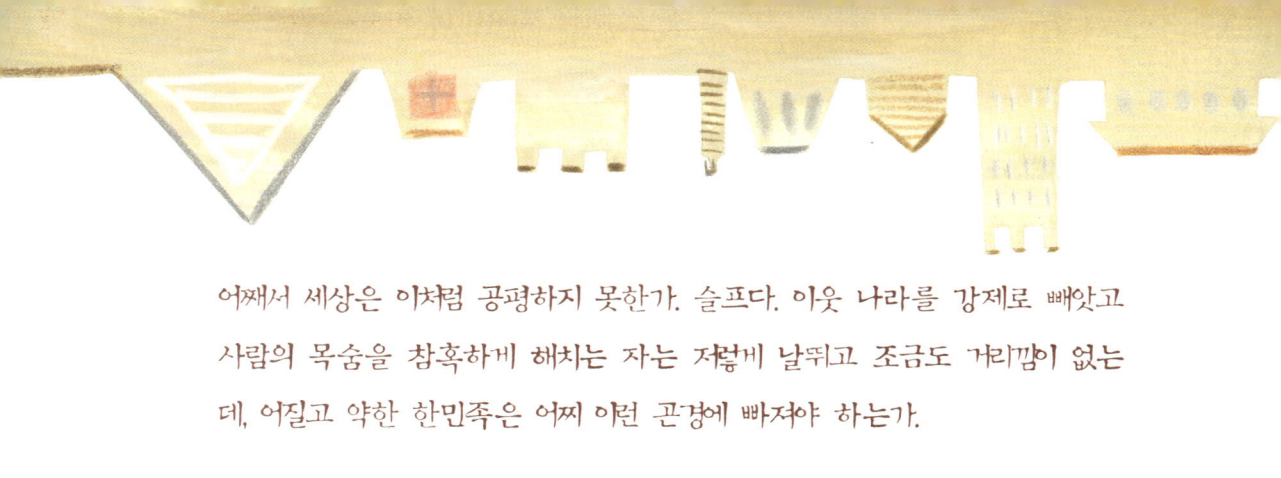

어째서 세상은 이처럼 공평하지 못한가. 슬프다. 이웃 나라를 강제로 빼앗고 사람의 목숨을 참혹하게 해치는 자는 저렇게 날뛰고 조금도 거리낌이 없는데, 어질고 약한 한민족은 어찌 이런 곤경에 빠져야 하는가.

그때 이토가 의장대를 지나 일본인 환영객들과 악수를 나누기 위해 몸을 돌렸다.
'저것이 분명 늙은 도둑 이토일 것이다.'
안중근은 맨 앞에서 걷고 있던 노인을 보면서 그렇게 생각했다. '누런 얼굴에 흰 수염이 난, 일개 조그마한 늙은이'가 안중근의 눈앞에 뚜렷이 모습을 드러냈다. 안중근은 침착하게 외투 속에서 권총을 뽑아 들었다. 그리고 이토의 가슴을 겨냥해 방아쇠를 당겼다.
"탕, 탕, 탕!"

전 세계를 놀라게 하고 대한 제국 동포들의 울분을 단숨에 날려 버리는 총소리였다.

세 발의 탄환은 정확하게 이토의 가슴에 명중했다. 안중근은 7연발 브라우닝 권총을 가지고 있었는데 총소리에 놀란 러시아 군인들이 몸을 낮췄다. 덕분에 안중근은 이토를 둘러싼 사람들을 좀 더 분명히 볼 수 있었다.

그 긴박한 순간에도 안중근은 '저것이 이토가 아닐지도 모른다'고 생각했다. 그래서 이토 주위에 있던 일본인들에게 한 발씩 총을 쏘았다. 세 발의 탄환은 이토의 비서관인 모리, 남만주 철도 소장인 다나카, 일본 귀족원 의원인 무로타를 각각 맞혔다. 그러나 그들은 치명적인 상처를 입지 않았다. 이토가 갑자기 쓰러지자 그들 역시 재빨리 몸을 낮췄기 때문이다. 다행히도 이토의 바로 옆에 서 있던 코코프체프 장관은 아무런 상처도 입지 않았다.

총소리에 놀라 주춤거리던 러시아 군인들이 안중근을 붙잡아 쓰러뜨린 것은 여섯 발째 총알이 날아간 뒤였다. 안중근의 권총에는 아직 실탄 한 발이 남아 있었다. 하지만 그가 쓰러지면서 권총을 놓쳤기 때문에 더 이상 쏠 수가 없었다. 안중근은 그런 가운데서도 우렁차게 소리를 질렀다.

"꼬레아 우라(대한 독립 만세)! 대한 독립 만세! 만만세!"

안중근이 체포되는 동안 이토는 주위 사람들의 부축을 받아 자신이 타고 왔던 특별 열차로 옮겨졌다. 현장에 있던 러시아와 일본 의사들이 열차 안에서 이토의 옷을 벗기고 치료를 하려고 했다. 그러나 이토는 폐와 간에 깊숙이 박힌 총알 때문에 숨이 가늘어지고 있었다. 이토는 죽어가면서도 범인이 누구인지 물었다.

"누가 쏘았나?"

"아마 한국인인 것 같습니다, 각하!"

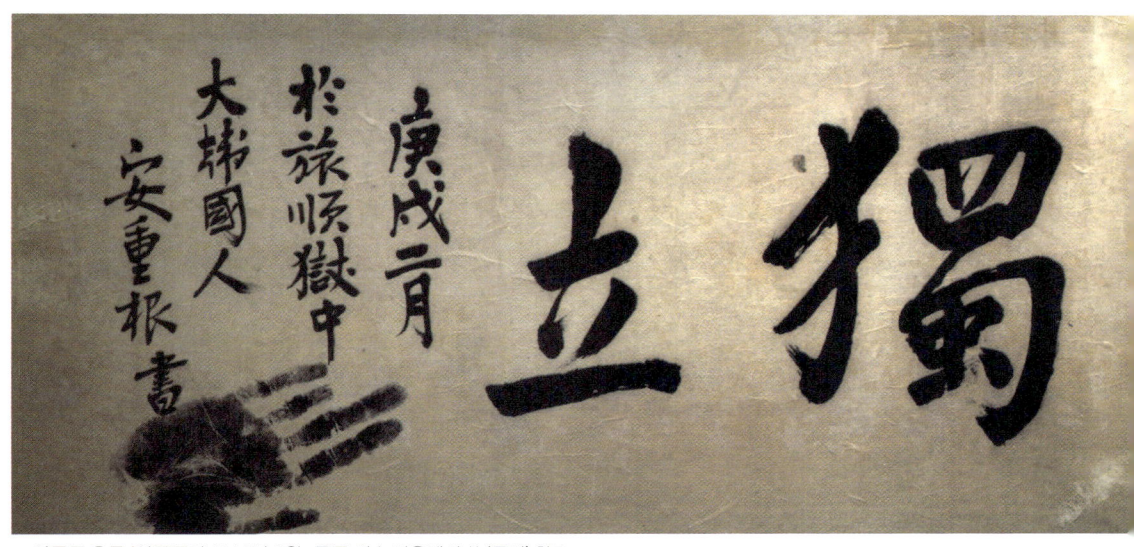
▲ 안중근 유묵 | 안중근이 1910년 2월, 중국 뤼순 감옥에서 쓴 '독립' 휘호

그러자 이토는 들릴 듯 말 듯 입을 열었다.

"그렇겠지."

'한국인이 아니면 누가 내게 총을 쏘겠나?' 하는 말투였다.

"술을 가져와, 술!"

이토는 고통을 참기 위해 독한 양주를 찾았다. 그를 치료하던 의사가 술잔을 내밀자 이토는 연거푸 두 잔이나 들이켰다. 그리고 세 번째 술잔을 받았을 때 얼굴이 창백해지면서 그대로 쓰러졌다.

"모리도 다쳤느냐?"

이토가 죽기 전에 마지막으로 남긴 말이었다. 그는 자신을 그림자처럼 따라다니던 모리가 총에 맞은 모습이 떠올랐던 것이다.

10월 26일 오전 9시 50분, 이토는 눈을 감았다. 안중근에게 저격을 당한 지 20분도 지나지 않아서였다.

이 사건을 우리는 '하얼빈 의거'로 부르고 있다.

당시 한국인들은 최신식 무기를 갖춘 일본군과 맨주먹으로 싸우는 형편이었다. 그때 안중근이 적군의 우두머리인 이토 히로부미를 사살한 것이다. 개인적인 원한 때문이 아니라 우리나라가 일제의 부당한 침략을 받게 된 것을 전 세계에 알리기 위해 대한 독립군의 지휘관으로서 이토 히로부미를 죽인 것이었다.

하얼빈 의거는 일제의 탄압에 시달리던 한국인과 해외에서 항일 투쟁을 벌이던 독립지사와 동포들, 그리고 중국인들에게 큰 영향을 주었다.

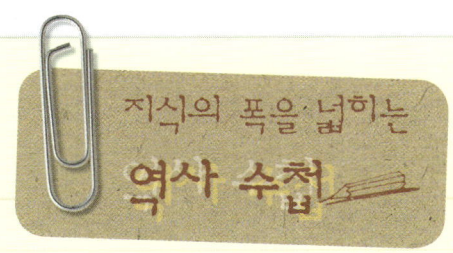

그물을 말리는 곳, 하얼빈

하얼빈은 중국 헤이룽장 성(흑룡강성)의 성도로 교통과 상업이 발달한 도시이다. 중국 동북 지방의 중심지인 이곳은 19세기까지만 해도 쑹화강에서 물고기를 잡던 어부들 몇 명이 살던 곳이었다. 그래서 '그물 말리는 곳'이라는 뜻으로 하얼빈으로 불렀다.

하얼빈이 오늘날처럼 발전하기 시작한 것은 러시아의 동청 철도 기지가 만들어지면서부터였다. 러시아는 청나라로부터 중국 동북 지방의 철도 부설권을 얻어 내고 하얼빈을 철도 기지로 만들었다. 그때부터 하얼빈은 근대화된 도시로 발전해 갔으며 한때는 약 50만 명 정도의 러시아인들을 하얼빈으로 옮겨 살도록 했다. 오늘날에도 하얼빈에는 러시아식 건물과 문화가 많이 남아 있다. 특히 하얼빈 역은 안중근 의사가 일본의 이토 히로부미를 저격한 곳으로 잘 알려져 있다.

▲ 하얼빈 역

(불의를 참지 못하는 청년)

안중근은 1879년 9월 2일, 황해도 해주에서 태어났다. 그의 아버지 안태훈은 황해도에서도 손꼽히는 부자였다.

"허허! 이 녀석 좀 보게. 가슴에 점이 일곱 개가 있는데 마치 북두칠성을 닮았군 그래."

안태훈은 갓 태어난 아들을 받아 안으며 기뻐했다.

"이럴 게 아니라 아들을 얻었으니 잔치를 벌여야겠어."

며칠 후 안태훈의 집에서는 큰 잔치가 열렸고 동네 사람들뿐만 아니라 안태훈을 잘 아는 사람들, 그리고 그의 집에 머물던 손님들까지 아이의 탄생을 축하해 주었다.

"사내대장부답게 늠름하게 생겼군요."

"이담에 이름 높은 장군이 되겠습니다. 아예 어려서부터 사격을 가르치는

게 어떻겠습니까?"

보는 사람들마다 아이가 씩씩하고 늠름한 장군감이라며 칭찬을 했다.

"장군도 좋지만 먼저 학문을 익혀야지요."

안태훈도 흐뭇해하며 아들을 쳐다보았다. 잔치가 끝난 뒤 안태훈은 아들의 이름을 지었다.

"가슴에 일곱 개의 점이 있으니 북두칠성의 기운을 받은 게 틀림없어. 그러니까 '응칠(應七)'이라 지어야겠다."

여기서 응(應)이라는 한자는 응하다 또는 받다는 뜻으로, 응칠이란 '북두칠성의 기운을 받은 아이'라는 뜻이었다.

응칠이는 부모님과 어른들의 사랑을 받으며 무럭무럭 자라났다. 당시 응칠의 집안은 한 해에 수천 석의 쌀을 수확할 정도로 넓은 땅이 있는 부자였다. 응칠의 할아버지는 진해 현감을 지냈는데 성품이 어질어 가난한 사람들을 많이 도와주었다. 응칠의 아버지인 안태훈은 여섯 형제 중의 셋째로 태어났다. 그들 여섯 형제 모두 학문이 뛰어났는데 그중에서도 안태훈의 실력이 돋보였다고 한다. 게다가 안태훈은 기억력이 뛰어나 한 번 읽었던 책은 한 글자도 빠뜨리지 않고 외울 정도였다.

안태훈은 소과에 급제하여 진사가 되었다. 하지만 집안이 넉넉했기 때문에 굳이 벼슬을 하지 않았다. 그는 부인 조씨와의 사이에 3남 1녀를 두었는데 장남이 응칠(중근)이며 차남은 정근, 삼남은 공근이었다.

응칠이 태어나고 5년이 지난 1884년 12월, 서울에서는 떠들썩한 사건이 일어났다. 바로 김옥균, 홍영식, 박영효, 서광범 등 개화당이 갑신정변을 일으킨 것이었다. 갑신정변이 일어나기 전, 개화당에서는 실력 있는 젊은이들 70명을 뽑아 일본으로 유학을 보낼 계획이었는데 이때 안태훈도 유학생으로

석 | 옛날 곡식의 양을 재는 단위로 10말을 1석이라고 함. 1말은 18리터이므로, 1석은 180리터에 해당한다.

소과 | 과거의 하나로, 소과에 급제하면 진사 또는 생원으로 불리며 대과를 치를 자격을 얻게 된다.

뽑혔다. 당시 안태훈 역시 조선을 개화하는 일에 관심이 많았던 지식인이었다. 하지만 갑신정변이 삼일천하로 끝나자 그의 꿈은 물거품이 되었다.

갑신정변의 실패로 김옥균, 박영효 등이 역적으로 몰리자 안태훈은 아버지를 비롯한 가족들에게 말했다.

"나라의 운명이 차츰 기울고 있으니 벼슬을 지내는 것보다 깊은 산골로 들어가 농사나 짓는 게 좋을 것 같습니다."

가족들이 반대하지 않자 안태훈은 이사 준비를 서둘렀다. 그리하여 응칠이 여섯 살 때, 온 가족이 황해도 신천군 청계동으로 이사를 했다.

그곳은 산속이라 찾기 힘들고 지형도 험한 곳이었다. 그러나 막상 안으로 들어가면 논과 밭이 갖춰져 있었으며 주변의 경치도 매우 아름다웠다. 응칠은 그곳에서 20년이 넘게 살았다.

응칠은 청계동에서 살면서부터 글공부를 시작했다. 서당을 다닌 게 아니라 훈장을 집으로 모셔서 공부했다. 그는 《사서삼경》 등 유교 경전과 《자치통감》을 비롯해 《조선역사》 등 많은 책을 읽었다. 이 무렵 익힌 역사 책은 훗날 그가 독립 운동을 하는 데 큰 영향을 주었다.

그런데 응칠은 어려서부터 공부보다는 말 타고 사냥하는 일에 더 많은 시간을 보냈다. 그는 삼촌들이나 포수들을 따라 산과 들을 누비고 다니는 일에 재미를 느꼈다.

어느 날 포수들을 따라 산으로 갔던 응칠이가 말했다.

"아저씨, 저도 한번 쏘아 볼래요."

"그럴래? 하지만 네가 아직 어리니 부친께서 아시면 나까지 혼이 날 거다."

"만약 그런 일이 생기면 제가 잘 말씀드릴게요. 저는 의리를 지킬 줄 알거든요."

자치통감 |중국의 북송 때 사마광이 펴낸 중국의 역사책.

"허허허! 아직 열 살도 안 된 녀석이 의리를 안단 말이냐? 아무튼 넌 사내 대장부니까 사격을 배워 두는 것도 괜찮을 거다. 나중에 장군이 되려면 사격뿐만 아니라 부하들을 지휘하며 작전을 짜는 법 등 배울 게 많지. 자, 총을 쏘려면 이 가늠쇠와 가늠자를 목표물에 잘 맞추고 숨을 고른 다음 방아쇠를 당겨야 한다. 어디 한번 해 보려무나."

응칠은 포수가 가르쳐 준 대로 사냥총을 겨누고 방아쇠를 힘껏 당겼다. 하지만 긴장한 탓에 목표를 조준할 수도 없었으며 총알이 튕겨 나가는 반동으로 개머리판이 어깨에 쾅 부딪히고 말았다.

"아얏!"

"저런! 개머리판을 어깨에 꽉 붙이라는 얘길 빼먹었구나. 어떠냐? 쉽지 않지?"

응칠은 어깨뼈를 주무르면서 대답했다.

"첫술에 배부를 수 있나요? 전 사격이 재미있어요."

그날 응칠은 포수가 가르쳐 준 대로 여러 번 사격을 해 보았다.

어느 날, 응칠이 매일같이 포수들을 따라다니는 것을 알게 된 아버지가 호되게 야단쳤다.

"이 녀석! 하라는 공부는 안 하고 벌써 사냥질이냐? 오늘부터 꼼짝 말고 책을 읽도록 해라! 내가 훈장님께 단단히 일러 놓았으니 딴청을 부렸다간 이 애비한테 혼날 줄 알아!"

"하지만 전 사격이 더 재미있는걸요."

응칠이 대꾸하자 아버지는 목소리를 낮춰 타일렀다.

"네 나이엔 산으로 들로 쏘다니는 게 재미있을 게다. 하지만 공부라는 건 때가 있는 법이야. 넌 이담에 어떤 사람이 되고 싶으냐?"

"전 어려운 사람들을 돕고 싶어요. 장군도 되고 싶고요."

"만약 네가 장군이 되겠다면 책을 더 많이 읽고 공부를 해야 옳지 않느냐? 일자무식이라면 장군은 어떻게 될 것이며 만약 장군이 된다 해도 어떻게 부하들을 다스릴 수 있겠느냐? 어려운 사람들을 돕는 것도 마찬가지이다."

응칠은 그제야 아버지의 말씀이 옳다는 걸 깨달았다.

"알겠습니다, 아버지. 이제부턴 열심히 공부할게요."

"약속은 꼭 지켜야 한다. 그럼 이 애비도 네가 사격 배우는 걸 허락하겠다. 그러니까 공부가 우선이고 사격은 틈틈이 하라는 말이다."

그때부터 응칠은 열심히 글을 배우고 이따금 포수들을 따라다니며 사격 솜씨를 갈고 닦았다. 훗날 그가 '동양평화론'과 같은 글과 수많은 붓글씨를 남길 수 있었던 것은 어렸을 때 열심히 학문을 익혔기 때문이다. 게다가 하얼빈 역에서 많은 인파 속에서도 이토 히로부미를 정확히 겨냥할 수 있었던 것은 어려서부터 갈고 닦은 사격술 덕분이었다.

응칠은 사냥과 승마를 좋아했으며 성격이 활달해 많은 친구들이 그를 따랐다. 또한 어려운 처지에 놓인 친구가 있으면 제아무리 멀리 떨어진 곳이라도 달려가 도와주고는 했다. 그래서 친구들은 응칠을 존경했으며 때로는 충고도 잊지 않았다.

"자네 아버님께선 문장으로 이름이 높으신데 자넨 어째서 학문을 게을리 하는가? 그래서야 나중에 무슨 일을 하겠는가?"

친구들이 응칠을 부잣집 도련님으로만 여겼다면 이런 쓴소리는 입에 담지 않았을 것이다. 그런데 이런 말을 들을 때마다 응칠은 호탕하게 웃으며 대답했다.

"하하하! 자네들 말도 옳기는 하네. 하지만 옛날 초나라 임금이던 항우는 '글은 이름이나 적을 줄 알면 그만'이라고 했네. 그러고도 지금까지 영웅으로 칭송받지 않는가? 항우도 대장부고 나도 대장부라네. 나는 학문보다 무예로 이름을 날리고 싶네."

말은 이렇게 했지만 응칠은 글공부를 게을리하지 않았다. 이후 그가 지은 여러 편의 글과 옥중에서 틈나는 대로 쓴 붓글씨는 오늘날까지 전해지고 있고 그의 글씨들은 힘찬 기운이 느껴지는 명필이다.

응칠은 자라면서 할아버지, 할머니의 사랑을 듬뿍 받았다. 그러던 응칠이 열네 살 때 할아버지가 돌아가셨다. 그는 할아버지의 죽음에 큰 충격을 받은 나머지 병을 얻어 6개월이나 끙끙 앓았다고 한다.

가까스로 건강을 되찾은 응칠은 어느 날 친구들과 산에 놀러갔다가 탐스럽게 핀 꽃을 꺾으려다 그만 발을 헛디뎌 수백 길 낭떠러지로 떨어지게 되었다. 하지만 천만다행으로 바위틈에서 자란 나뭇가지에 걸려 목숨을 구한 적도 있었다.

1894년 열여섯 살 되던 해에 응칠은 김아려와 결혼했다. 오늘날의 중학교 3학년 나이지만 당시에는 그 나이에 결혼하는 게 보통이었다. 결혼을 한 뒤로는 응칠이라는 아잇적 이름 대신 중근이란 이름을 썼다. 훗날 안중근 부부는 딸 현생과 아들 분도, 준생을 두었다.

그 무렵, 나라 안에서는 탐관오리들의 부정과 부패를 참다못한 농민들이 곳곳에서 관리들에게 저항했다. 그중 1894년에 일어난 갑오 농민 전쟁이 가장 대표적이었다. 청과 일본은 갑오 농민 전쟁을 진압하겠다며 조선으로 군대를 보내고 나랏일에 간섭을 했다.

그러자 전봉준 등은 일본을 물리치고 나라를 구하겠다며 제2차 갑오 농민 전쟁을 일으켰다. 이때는 전라도와 충청도에서만 20만 명이나 되는 농민군이 참여했고 그 밖에도 경상도·경기도·황해도 지역의 농민들도 전쟁에 뛰어들었다.

그런데 농민 전쟁으로 혼란한 틈을 타 탐관오리를 무찌른다며 관리들을 함부로 죽이고 백성들의 재산을 빼앗아 가는 사람들도 생겨났다. 그들은 갑오 농민 전쟁과 아무런 관련이 없었으면서도 스스로 '동학당'이라고 부르며 약탈을 일삼았다.

안중근의 집이 있던 황해도 신천군에서도 동학당이 횡포를 부렸다. 황해도 관찰사는 동학당을 막을 수 없자 안태훈에게 의병을 일으켜 달라고 부탁했다. 이때 안태훈은 아들 안중근과 함께 동학당을 무찌르는 데 큰 공을 세우고 많은 무기들과 수십 필의 말, 곡식 천 포대 등을 전리품으로 얻었다.

이 전투가 끝난 뒤 안중근은 크게 앓아 누웠다가 서너 달 만에 기운을 되찾았다고 하니 얼마나 벅차게 싸웠는지 짐작할 수 있다.

이듬해인 1895년 여름, 안중근의 집에 낯선 사내들이 찾아와 안태훈에게 말했다.

"작년에 당신이 전리품으로 빼앗은 천여 포대의 곡식 중 절반은 탁지부의 어윤중 대감 것이고, 나머지 절반은 선혜청 민영준 대감 것이오. 그러니 두 분께 고스란히 돌려주시오."

이 말을 듣고 난 안태훈은 너무도 어이가 없었다.

"그 쌀이 본래 누구의 소유인지는 내가 알 바 아니오. 내가 의병들을 모아 목숨을 걸고 싸워서 얻은 것이고, 대부분 군량미로 사용했는데 그걸 왜 돌려줘야 한단 말이오?"

두 사람은 아무 대꾸도 못하고 돌아갔다.

탁지부 |대한 제국 때에 나라의 재정을 관리하던 중앙 관청으로 오늘날의 기획 재정부에 해당한다.

선혜청 |대동미를 관리하던 기관으로 1894년에 없어졌다. 선혜청 우두머리였던 민영준은 구식군인들을 차별하며 부정부패를 일삼다가 임오군란이 일어나게 했으며 그 일로 유배를 당했다가 곧 풀려났다.

그로부터 며칠 뒤 서울에서 김종한이라는 사람이 안중근의 집으로 급하게 편지를 보냈다. 김종한은 판결사(판사)를 지냈던 사람으로 안태훈과 친했다.

"지금 어윤중 대감과 민영준 대감이 상감께 고하기를 '안태훈이라는 자가 쌀 천여 포대를 빼돌려 수천 명의 병사를 키우며 음모를 꾸미고 있으니 속히 군대를 보내 진압하기 바란다.'고 했습니다. 사정이 이러하니 빨리 서울로 올라와 일을 해결하셔야겠습니다."

안태훈은 바로 서울로 가 사정을 알아보았다. 그리고 자신의 억울함을 호소하기 위해 서너 차례 재판을 열었다. 하지만 쉽사리 결론이 나지 않았다. 그러자 김종한이 조정에 상소를 올렸다.

"안태훈은 본래 학문이 깊은 사람으로 의병을 일으켜 동학당을 무찔러 큰 공을 세웠습니다. 그렇다면 마땅히 상을 내려 그 공적을 높이 격려해야 하거늘 당치도 않게 모함을 하고 재산을 빼앗으려 하다니 이 무슨 경우입니까?"

이 상소 덕분에 안태훈은 겨우 누명을 벗고 청계동으로 돌아올 수 있었다.

그해 늦가을 경복궁에서는 온 나라가 깜짝 놀랄 만한 일이 일어났다.

▲ **경복궁 건청궁 입구** |명성 황후가 시해당한 곳으로 내부에 장안당, 곤령합, 옥호루 등의 건물이 있다.

일본군 수십 명이 경복궁을 침입해 명성 황후를 시해한 것이었다. 남의 나라 궁궐에 들어가 왕비를 무참히 죽인 그들의 만행은 조선의 모든 백성들은 말할 것도 없고 서울에 있던 외국인들도 분노하게 만들었다. 이 사건은 을미년인 1895년에 일어났다고 하여 '을미사변'이라고 부른다.

안중근은 훗날 하얼빈 의거를 일으킨 뒤 재판을 받을 때 이토 히로부미를 사살한 열다섯 가지 이유를 들었는데 그중 첫 번째가 을미사변이었다. 이토 히로부미의 지시로 그의 부하들이 경복궁을 침입해 명성 황후를 죽였다는 것이다.

그렇다면 안중근은 왜 이토가 명성 황후를 죽인 것이라고 말했을까?

일본 정부는 을미사변이 일어나자 그 사건을 '낭인'들이 저질렀으니 일본 정부와 관계없다고 발뺌했다. 낭인이란 본래 '마땅한 일자리가 없어 놀고먹는 사람'을 뜻하며 대개는 깡패 등 폭력 집단을 일컫는 말로 쓰인다. 그런데 명성 황후를 죽인 사람들은 대학을 졸업했거나 외국 유학까지 다녀온 젊은 지식인과 장교들이었다. 결코 낭인들이 아니었다. 일본 정부가 지식인들을 끌어들여 을미사변을 일으킨 것은 그들이 가장 믿을 만한 사람들이었기 때문이다. 훗날 그들은 저마다 높은 벼슬을 얻어 부귀영화를 누리며 살았다.

이 일을 오랫동안 준비하고 치밀하게 조종한 사람은 이노우에 가오루였다. 그는 조선에서 일본 공사로 있으면서 명성 황후를 시해할 모든 준비를 마치고 일본으로 돌아갔다. 이노우에는 '여우사냥'이라는 작전명을 붙인 을미사변을 일으킨 뒤 일본의 낭인들이 우연히 경복궁으로 들어가 명성 황후를 살해한 것처럼 말을 꾸며 댔다. 마치 깡패들이 저지른, 예상치 못한 사건이라고 속이려 한 것이다.

그런데 당시 일본 정부의 최고 책임자는 이토 히로부미였다. 그리고 이노우에는 이토 히로부미와 같은 고향 출신이며 동창이었으니 이노우에가 이토와 상의를 하여 명성 황후를 시해했다는 걸 쉽사리 추측할 수 있다.

을미사변으로 왕비가 목숨을 잃자 고종은 자신도 그런 일을 당할지 모른다며 1896년 2월부터 러시아 공사관으로 옮겼다. 이 일은 '아관 파천'이라고 부른다. 백성들은 을미사변 때 일본 편에 선 친일파 대신들을 찾아내기 시작했다. 탁지부 대신이었던 어윤중도 고향으로 도망치다가 백성들의 돌에 맞아 목숨을 잃었다. 어윤중에게 시달리던 안태훈은 비로소 한숨을 돌렸다.

하지만 어윤중과 함께 안태훈을 괴롭히던 민영준은 더욱 큰 권력을 쥐고 안태훈의 재산을 빼앗기 위해 온갖 음모를 꾸몄다. 민영준은 그 무렵, 큰 권력을 누렸던 민씨 세도 정권의 한 사람이었다. 그렇기에 안태훈의 목숨까지 위협할 정도로 횡포를 부렸다. 안태훈은 하는 수 없이 프랑스 신부가 머물고 있던 한 천주교당으로 들어가 몇 달 동안 숨어 지내야 했다.

안태훈은 천주교당에서 지내면서 성경을 읽고 천주교 교리를 배우다가 어느덧 신앙심 깊은 천주교인이 되었다. 그는 고향으로 돌아갈 때 《천주교 교리 문답》을 비롯한 교리서 120권을 가져가 가족은 물론 이웃들에게 나눠 주었다. 그리고 틈나는 대로 사람들을 찾아다니며 천주교 신자가 될 것을 권했다. 그 결과 두 달이 지난 뒤에는 청계동을 비롯해 일곱 마을에서 천주교 운동이 일어날 정도였다.

안태훈은 이 사실을 빌렘(한국 이름은 홍석구) 신부에게 알리고 청계동에 공소를 만들어 달라고 청했다. 이때 안중근도 빌렘 신부에게 세례를 받고 '도마(토마스)'라는 세례명을 얻었다.

안중근은 누구보다 천주교 교리를 열심히 배우고 익혀 몇 달 뒤에는 사람들에게 강연을 할 정도였다. 그리고 천주교뿐만 아니라 프랑스 어도 함께 배

공소 | 본당에 딸린 작은 교회로 필요할 때마다 신부가 찾아가 의식을 맡는 건물.

우기 시작했다. 그러던 어느 날 안중근이 빌렘 신부에게 말했다.

"조선 사람들은 신식 학문에 어두워서 천주교 교리를 전하는 데 많은 노력이 필요합니다. 그러니 신부님이 민 주교님께 말씀드려 학교를 세운 뒤 인재를 키운다면 얼마 지나지 않아 반드시 큰 효과가 있을 것입니다."

민 주교는 당시 조선 천주교회의 최고 책임자였던 뮈텔 주교를 말한다. 빌렘 신부는 이 말을 듣고 안중근과 함께 서울에 있던 뮈텔 주교를 찾아갔다. 안중근은 자신의 계획을 밝히고 뮈텔 주교의 도움을 청했다. 그러자 뮈텔 주교가 대답했다.

"조선인들이 학문을 익히게 되면 천주교를 믿는 일에 소홀해질 게 분명하네. 그러니 학교를 세우자는 말은 하지 말게. 열심히 천주님을 믿으면 되는 거야."

이처럼 뮈텔 주교는 조선 사람을 무시하는 말을 서슴지 않았다. 그럼에도 안중근은 꾹 참고 몇 차례나 학교를 세워야 한다고 말했으나 뮈텔 주교는 결코 자신의 주장을 굽히지 않았다. 고향으로 돌아가던 안중근은 끓어오르는 분노를 참지 못했다. 이때 그는 굳게 다짐했다.

'천주교의 가르침은 믿을지언정, 서양인들은 결코 믿을 것이 못 된다.'

안중근은 그날로 프랑스 어 배우는 일을 그만두었다. 나중에 한 친구가 왜 프랑스 어를 안 배우느냐고 묻자 안중근은 이렇게 대답했다.

"일본말을 배우는 자는 일본의 종놈이 되고, 영어를 배우는 자는 영국의 종놈이 될 거야. 내가 만약 프랑스 말을 배웠다가는 프랑스 종놈을 면치 못하겠지. 그래서 나는 프랑스 말을 배우지 않기로 했네. 훗날 우리나라가 세계에 위력을 떨친다면 세계 사람들이 너도나도 한국말을 배우려고 할 것이니 자네는 조금도 걱정하지 말게."

사실 안중근은 천주교에서 가르치고 있는 인간의 존엄성, 영혼의 존재 등에 대해 깊은 믿음을 가지고 있었다. 그리고 매우 논리 정연한 말솜씨로 그런 체험을 다른 사람들에게 설명해 천주교를 널리 알리는 데 앞장섰다. 하지만 천주교가 아무리 좋은 종교라 해도 그것을 지도하는 사람들이 잘못을 저지르면 결코 가만있지 않았다.

뮈텔 주교와 마찰을 일으킨 것도 그랬지만 그는 빌렘 신부와도 크게 다툰 일이 있었다.

천주교는 18세기 말부터 조선으로 전해지면서 약 100년 동안 심한 탄압을 받아 왔다. 그런 박해를 당하면서도 천주교인들은 꾸준히 늘어났으며 안중근이 세례를 받던 무렵에는 마침내 신앙의 자유를 얻게 되었다. 하지만 프랑스 신부들은 정치와 종교를 철저하게 구분하여 조선 백성들의 어려움은 거들떠보지도 않았다. 그들은 오직 천주교를 전하는 일에만 관심을 가졌다. 그런데다 조선 사람들을 얕보고 걸핏하면 욕을 하거나 때리기 일쑤였고 가끔은 노인들에게도 손찌검을 했다. 안중근이 일하던 천주교당에서도 그런 일이 일어나자 보다 못한 안중근이 빌렘 신부에게 따졌다.

"신부님, 천주교에서는 모든 인간이 평등하고 존엄하다고 가르치는데 어째서 신성한 천주교당에서 손찌검을 하십니까? 만약 잘못을 사과하지 않으면 서울로 올라가 뮈텔 주교에게 알릴 것이고, 뮈텔 주교도 그 청원을 받아들이지 않는다면 로마 교황청에 청원을 하겠소."

이 말을 듣고 빌렘 신부는 크게 화를 냈다.

"뭐야? 이 자식이 감히 신부님에게 대들어? 너 같은 놈도 혼이 나야 해."

그날 빌렘 신부는 안중근을 마구 때렸다. 당시 열아홉 살의 혈기왕성한 안중근은 기골이 장대했고 기운이 센 편이었다. 어려서부터 사냥이나 말타기로 체력을 기른 덕분에 싸울 때 결코 무릎을 꿇은 일이 없었다. 게다가 옳지 않은 일은 참지 못하는 성격이었다. 어려운 사람을 성심껏 도와주었으며 잘못을 저지르는 사람을 보면 끝까지 쫓아가 잘못을 바로잡고는 했다. 하지만 그날은 참고 또 참았다.

그로부터 며칠 뒤 빌렘 신부는 안중근을 찾아가 말했다.

"지난번에는 내가 화를 참지 못하고 심하게 굴어서 미안하네. 나를 용서해 주겠나?"

안중근은 기꺼이 사과를 받아들였다. 그 후 두 사람 사이는 전보다 훨씬 가까워졌다.

안중근은 자신이 평생 즐겨하던 일이 네 가지가 있다고 말했다.

"첫째는 친구와 의리를 지키는 것이요, 둘째는 술 마시고 노래하고 춤추는 것이요, 셋째는 총으로 사냥하는 것이요, 넷째는 날쌘 말을 타고 달리는 것이다."

그래서 청년 시절에는 의협심이 강하고 사나이다운 사람이 있다는 이야기를 들으면 아무리 먼 곳에 사는 사람이라도 기꺼이 찾아가 친구가 되고는 했다. 밤새 술을 마시며 노래도 부르고 세상일에 대해 토론했다. 그런가 하면 주변에 어려운 일을 당한 사람이 있으면 발 벗고 나서서 끝까지 도와주었다. 상대가 제아무리 높은 벼슬을 지냈거나 일본 경찰이라 해도 안중근은 기개 있게 맞섰다.

한번은 이경주라는 의사가 서울에 출장 간 사이에 재산과 부인을 빼앗기는 사건이 일어났다. 이경주의 재산과 부인을 가로챈 자는 한원교라는 군인이었다. 이 사실을 알게 된 안중근은 이경주와 함께 서울로 올라가 한원교를 고발하고 빼앗긴 재산을 찾느라 여러 날을 보냈다. 얼마 뒤 이경주가 조사를 받게 되자 안중근도 그를 돕기 위해 함께 검찰부로 갔다. 그 사건을 맡은 정명섭 검사는 부패를 저지른 한 대신을 돕다가 안중근에게 큰 망신을 당한 적이 있었다. 그렇다면 이경주에게 불리한 일이었다.

안중근은 한원교가 나타나자 크게 꾸짖었다.

"네 이놈! 무릇 군인이란 충성을 다해 나라를 지키고 백성을 아끼는 게 본분이거늘 너는 장교가 되어 어찌 남의 아내를 강제로 빼앗고 재산을 가로챘단 말이냐? 만약 서울에 너 같은 놈들만 있다면 시골의 약한 백성들은 저마

다 아내와 재산을 빼앗기고 말 게 아니냐? 세상에 어찌 백성 없는 나라가 있단 말인가. 너 같은 서울 놈은 만 번 죽어도 아깝지 않다."

그러자 정명섭 검사가 책상을 힘껏 내리치며 안중근의 말을 막았다.

"이 자식! 자꾸 서울 놈, 서울 놈 하는데 감히 시골 촌놈이 서울 사람을 함부로 욕한단 말인가?"

이때 안중근이 호탕하게 웃고 난 뒤 대꾸했다.

"검사께선 무슨 일로 그렇게 화를 내시오? 나는 한원교 같은 도둑놈이 서울에 많이 살고 있다면 시골 백성들이 살아남지 못한다고 했지 언제 검사께 욕을 했소? 만약 이 한원교 같은 놈이라면 당연히 그런 욕을 먹어도 싸지만 그렇지 않은 사람이라면 화를 낼 까닭이 없지 않소?"

정명섭은 이번에도 대꾸를 못한 채 쩔쩔맸다.

하지만 안중근에게 당한 분풀이를 하듯 이경주를 감옥에 가두었다. 안중근이 왜 죄 없는 사람을 구속시키느냐고 따지고 들자 정명섭은 네놈도 잡아 가두겠다며 화를 냈다.

안중근이 자리에서 일어서며 다시 한 번 큰 소리로 말했다.

"오늘 내가 여기 온 것은 증언을 위해 온 것이지 피고로 온 게 아니오. 그런데 나를 어째서 가둔단 말이오? 세상에 천만 가지 법이 있다 해도 죄 없는 사람을 구속하는 법은 없을 것이오. 오늘과 같은 문명 시대를 맞아, 당신은 어째서 사사로운 감정을 앞세워 법을 다룬단 말이오?"

말을 마친 안중근은 당당하게 검찰부를 걸어 나갔다.

감옥에 갇힌 이경주는 1년 만에 풀려났다. 그러나 마음을 놓지 못했던 한원교는 자객을 보내 이경주의 목숨을 앗아 갔다. 뒤늦게 그 사실을 알게 된 안중근은 두 주먹을 불끈 쥐고 새삼스럽게 세상의 어지러움을 한탄했다.

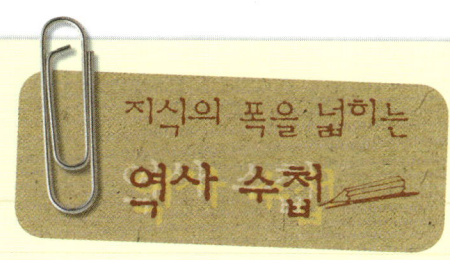

안중근은 왜 동학당을 무찔렀을까?

안중근이 쓴 자서전에는 "각 지방에서는 이른바 동학당이 곳곳에서 벌떼처럼 일어났다. 이들은 외국인을 배척한다는 핑계로 군현을 가로질러 다니면서 관리들을 죽이고 백성의 재산을 약탈했다."는 내용이 나온다. 그런 이유로 안중근은 아버지를 도와 2만여 명의 동학당을 무찔렀다고 한다.

동학당은 동학 정신을 바탕으로 만들어진 조직을 가리키지만 갑오 농민 전쟁을 이끌었던 세력들과는 다른 세력으로 여겨진다.

갑오 농민 전쟁은 주로 삼남(전라도, 충청도, 경상도)을 기반으로 한 농민 세력이 탐관오리와 외세를 배척하려고 일어났다. 이에 비해 안중근이 말한 동학당은 갑오 농민 전쟁의 영향을 받아 경기도, 황해도, 강원도 등에서 조직되었다.

안중근은 이토 히로부미를 사살한 '하얼빈 의거'의 주인공이다. 그렇다면 동학당과 안중근 모두 일제에 저항하기 위해 봉기하거나 의거를 일으킨 셈이다. 이처럼 같은 목적을 가졌는데 왜 안중근은 동학당을 무찌른 것일까?

안중근이 자서전에서 말한 것처럼 호남과 영남 지방에서 갑오 농민 전쟁이 일어났을 때 다른 지역에서 그 영향을 받아 '동학당'이란 이름을 걸고 지주와 부자, 탐관오리들을 공격한 세력이 있었다. 당시 안중근의 집은 황해도에서 손꼽히는 부자였다. 따라서 동학당의 공격 대상이 되었을 것이다. 더구나 안중근 집안은 동학이 배척하려는 서학, 다시 말해 천주교를 믿었다. 이런 이유로 안중근의 가족을 중심으로 한 수십 명이 동학당과 싸운 것으로 보인다.

(을사조약과 항일 의병)

　　1904년 2월 6일, 일본은 중국 뤼순과 우리나라 서해안으로 각각 함대를 보냈다. 이틀 후인 2월 8일, 일본은 인천항에 정박하고 있던 러시아 군함 2척을 공격해 침몰시켰다. 그리고 2월 9일에는 중국의 뤼순 항구를 기습 공격하여 러시아 군함 3척을 침몰시켰다. 이것이 러일 전쟁의 시작이었다.

　　러일 전쟁은 1905년 9월 5일, 평화 협정을 맺을 때까지 계속되었는데 전쟁에서 승리한 것은 일본이었다. 일본은 전쟁의 승리로 자신들의 목적을 이룰 수 있었다. 일본의 목적은 대한 제국을 차지하며 만주에 주둔하고 있던 러시아 군대를 철수시키는 것, 남만주 철도와 뤼순 및 랴오둥 반도를 지배하는 것 등이었다.

　　이 무렵, 안중근은 날마다 신문과 잡지 등을 읽으며 나라 안팎의 사정을 살피고 있었다. 그러던 어느 날, 빌렘 신부가 안중근에게 말했다.

"자네 나라가 앞으로 위태롭게 되었군."

"왜 그렇습니까?"

"이번 전쟁에서 러시아가 이기면 러시아가 한국을 지배할 것이요, 일본이 이기면 일본이 한국을 지배할 게 아닌가? 그러니 어찌 위태롭지 않겠나?"

빌렘 신부의 말처럼 러일 전쟁에서 승리한 일본은 대한 제국을 보다 확실히 지배하기로 작정했다. 그리하여 1905년에는 고종 황제를 협박한 끝에 '을사조약'을 맺게 했다. 을사조약의 주요 내용은 한국에 일본의 통치 기관인 통감부를 만들며 한국의 외교권을 일본이 가진다는 것이었다. 여기서 통감이란 정치나 군사의 모든 일을 통솔하고 감독하는 최고 우두머리를 말한다. 일제는 을사조약을 맺으면서 조선 통감부란 기관을 만들었는데 한일 병합 이후 조선 총독부로 이름이 바뀌었다.

을사조약을 맺기 전, 일제는 한국을 보호하기 위해 필요한 조약이라며 강요했고 그래서 이 조약은 '을사보호조약'이라 부르기도 한다. 하지만 실제로는 한국을 지배하기 위한 조약이며 고종의 승인도 없이 강제로 맺었기에 '을사늑약'이라고 부른다.

을사조약이 맺어졌다는 소식이 전해지자 곳곳에서 저항 운동이 일어났다. 《황성신문》의 주필인 장지연은 '시일야방성대곡'이라는 글을 통해 이토 히로부미의 만행을 비판하고 을사오적을 '매국노'라고 몰아세웠다. 그리고 을사조약이 고종 황제의 승인을 받지 않았으므로 무효라고 선언했다. 신채호를 비롯한 언론인들도 일본을 규탄하는 논설을 매일같이 신문에 실었다.

하지만 조선 통감으로 부임한 이토 히로부미는 한국의 외교뿐만 아니라 내정까지 일일이 간섭했다. 그때부터 한국은 일본을 거치지 않고는 어떤 나라와도 조약이나 외교 관계를 맺을 수가 없었다. 을사조약을 맺은 순간 대한

주필 | 신문사나 잡지사 따위에서 행정이나 편집을 책임지는 사람. 또는 그런 직위.

제국이라는 나라는 국제 사회에서 없어진 것이나 마찬가지였다. 또 나라 안의 일들도 이토 히로부미의 손아귀에 들어가 있었다. 이렇게 되자 선비들은 고종에게 상소를 올렸고, 관리나 군인들은 스스로 목숨을 끊어 일본의 침략에 저항했다. 의협심 강한 사람들은 단체를 만들어 을사오적을 암살하려고 했다.

안태훈은 을사조약 소식을 듣고 충격을 받아 자리에 눕고 말았다. 스물일곱 살의 안중근도 말할 수 없는 울분을 느끼며 아버지에게 자신의 굳은 결심을 말했다.

"이번 조약은 우리 강산을 삼키려는 이토 히로부미의 계략 때문에 맺어진 것입니다. 그러니 하루빨리 계획을 세우지 않으면 큰 화가 닥

▲ **장지연** |언론인이자 애국 계몽 운동가. '시일야방성대곡'이라는 글로 일제를 비판했다. 하지만 나중에는 친일파로 변절했다.

칠 게 분명합니다. 지금 청나라 산둥과 상하이에는 한국인들이 많이 살고 있습니다. 또 그곳으로 건너간 독립지사들이 항일 투쟁을 벌이고 있다고 합니다. 제 생각엔 우리 가족도 그곳으로 이주해 독립 운동을 벌이는 게 좋겠습니다."

한국인들이 연해주로 옮기기 시작한 것은 1860년부터였다. 그해에 한국인 13가구가 연해주 포세트 지역으로 이주하면서부터 연해주에는 한국인들이 눈덩이처럼 늘어났다. 1902년에는 3만 2,000여 명이 옮겨 가 연해주는 한국인들로 북적였다. 이때만 해도 대개 고향에서 생계를 잇기 어려운 사람들이 위험을 무릅쓰고 집단 이주를 했다.

연해주 |러시아의 동남쪽 끝에 있는 지방으로 우리나라 동해에 접하고 있다. 또한 두만강을 사이에 두고 우리나라와 국경을 접하고 있다.

▲ **을사조약 체결 기념사진** |을사조약을 체결한 직후 일본군 장성과 공사관원들은 함께 기념사진을 찍었다. 앞줄 가운데 검은 옷을 입은 사람이 조약 체결을 이끈 이토 히로부미이다.

그러다가 을사조약을 맺은 뒤로는 독립 투쟁을 벌이기 위해 연해주나 만주로 건너가는 사람들이 부쩍 늘어 연해주와 만주는 의병 투쟁의 중심지가 되었다. 이런 사정을 알고 있던 안태훈은 안중근의 말에 고개를 끄덕였다.

"그렇게 해라. 나라가 위태로운 때에 어찌 편안하게 살길 바라겠느냐. 나라가 있어야 백성도 마음 놓고 살 수 있는 것이니 우리 모두 건너가 독립운동에 나서는 게 좋겠다."

"그럼 제가 먼저 그곳 사정을 알아보고 올 테니 아버지께선 식구들을 데리고 진남포(오늘날의 남포직할시)로 가서 기다리십시오."

그러고는 안중근은 중국으로 건너갔다. 그는 산둥과 상하이를 방문해 여러 사람을 만나며 조국을 위해 무슨 일을 할 수 있을지 방법을 찾으려고 했다. 그러나 뾰족한 수가 떠오르지 않았다.

어느 날, 안중근은 답답한 마음에 한 천주교당을 찾아가 기도를 드렸다. 그가 막 성당을 나가려는데 낯익은 사람이 불쑥 나타나 손을 내밀었다. 바로 르 각(한국 이름은 곽원량) 신부였다.

"자네, 여긴 웬일인가?"

르 각 신부는 여러 해 동안 황해도에서 선교 활동을 했기 때문에 안중근과 친한 사이였다. 그는 일 때문에 홍콩을 방문했다가 한국으로 돌아가던 길에 상하이에 들른 것이었다.

"신부님은 한국이 어떤 지경인지 알고 계시죠?"

"물론이지. 나도 소식을 들어 잘 알고 있네."

"바로 그 일 때문에 여기 온 겁니다. 가족들 모두 상하이로 옮긴 뒤 동포들과 연락해 뜻을 모으고 항일 운동을 펼칠 생각입니다. 그러면 어찌 목적을 이루지 못하겠습니까?"

그러자 한동안 생각에 잠겼던 르 각 신부가 입을 열었다.

"난 성직자라 정치 얘기는 피하고 싶네. 하지만 자네 이야기를 들으니 한 가지 생각나는 게 있네. 내 말이 옳다면 그대로 따르고, 그렇지 않다면 자네 뜻대로 하게."

"무슨 말씀이신지요?"

안중근이 물었다.

"자네의 뜻은 알겠네만 가족 모두 이곳으로 옮긴다는 건 옳은 생각이 아닐세. 생각해 보게. 자네처럼 2천만 한국인이 모두 떠나 나라를 비운다면 저

절로 일본에게 나라를 내주는 게 아닌가? 우리 프랑스에서도 그런 일이 있었다네. 프랑스와 독일이 싸울 때였는데 프랑스의 두 지방 사람들이 모조리 자기 고향을 버리고 다른 곳으로 간 거야. 그러자 독일은 힘 안 들이고 두 지역을 차지했다네. 그 뒤 프랑스는 40년이 지나도록 그 지역을 되찾지 못하고 있네. 그러니 가족들을 데리고 외국으로 나갈 각오가 있다면 고향을 지키면서 항일 운동을 하는 게 훨씬 낫지 않겠나? 옛말에 '하늘은 스스로 돕는 자를 돕는다'고 했으니 자네도 한국으로 돌아가 할 수 있는 일을 찾아보게."

안중근은 그 말이 옳다고 여겼다. 르 각 신부의 말처럼 모든 사람들이 고향을 떠나 외국으로 흩어진다면 대체 나라는 누가 지키고 구한단 말인가. 안중근은 그런 생각을 하지 못했던 자신이 부끄러워졌다.

"그럼 신부님, 제가 어떤 일을 할 수 있을까요?"

"첫째는 교육에 힘쓰는 것이요, 둘째는 사회를 확장하고, 셋째는 민심을 단합하는 일이요, 넷째는 실력을 기르는 일이네. 이 네 가지를 확실하게 이루면 한국인의 힘이 반석처럼 단단해져서 외국이 천만 문의 대포로 공격한다 해도 얼마든지 무찌를 수 있을 걸세."

"신부님 말씀이 옳은 것 같습니다."

안중근은 바로 짐을 꾸려 진남포로 돌아갔다. 1905년 12월의 일이었다.

그는 진남포에 와 있을 아버지와 가족들을 찾기 위해 이곳저곳 알아보다가 하늘이 무너지는 소식을 들었다. 을사조약으로 충격을 받아 쓰러졌던 아버지가 끝내 세상을 떠났다는 소식이었다. 가족들은 안중근을 기다리다 다시 청계동으로 돌아가 장례를 치렀다고 했다.

안중근은 그 소식을 듣고는 정신을 잃을 정도로 슬퍼했다. 나라를 구하는 일이라면 기꺼이 나섰던 아버지였다. 그런데 벼슬아치들은 오히려 그런 아버

문 |대포를 세는 단위.

지에게 누명을 씌우고 배신을 일삼았다. 그러더니 을사조약이라는 치욕을 당했고 그 일로 큰 충격을 받은 아버지는 끝내 돌아가신 것이다.

안중근이 술을 끊기로 한 것은 그때부터였다.

"나는 술을 끊기로 맹세를 했고, 대한이 독립하는 날까지로 그 기한을 정했다."

그는 당시의 다짐을 이렇게 밝혔다.

1906년 3월, 안중근은 가족들과 함께 청계동을 떠나 진남포의 용정동으로 이사했다.

그리고 르 각 신부의 말대로 교육 사업을 벌이기로 하고 결심하고 돈의학교를 운영하였다. 돈의학교는 본래 진남포 천주교회에서 선교하던 포리 신부가 세웠다. 오늘날의 초등학교 과정을 가르치던 돈의학교는 학생 수가 적고 운영이 어려웠다. 그래서 안중근은 이 학교를 사들여 교육 사업을 시작한 것이다. 그는 두 달 뒤에는 삼흥학교를 새로 세워 학생들을 가르치는 일에 앞장섰다. 안중근은 교육 사업을 위해 대대로 물려받은 재산을 아낌없이 쏟아 부었다.

그리고 학교를 계속 운영해 나갈 자금을 마련하기 위해 석탄 개발 회사를 세웠다. 평양에 세워진 이 회사는 얼마 되지 않아 큰 손해를 본 채 문을 닫게 되었다. 일본인들의 방해 때문이었다.

1907년 2월에는 대구에서 국채 보상 운동이 일어났다. 국채 보상 운동이란 나라의 빚을 국민들의 힘으로 갚겠다며 시작된 독립운동의 하나이다. 일본은 을사조약을 맺기 전부터 한국의 경제를 어렵게 만들어 일본의 돈을 빌리게 했다. 그러자 1907년 무렵, 한국 정부가 일본에 갚아야 할 빚은 1,300만 원이나 되었다. 당시 대한 제국 정부가 갚을 수 없을 정도로 큰돈이었다.

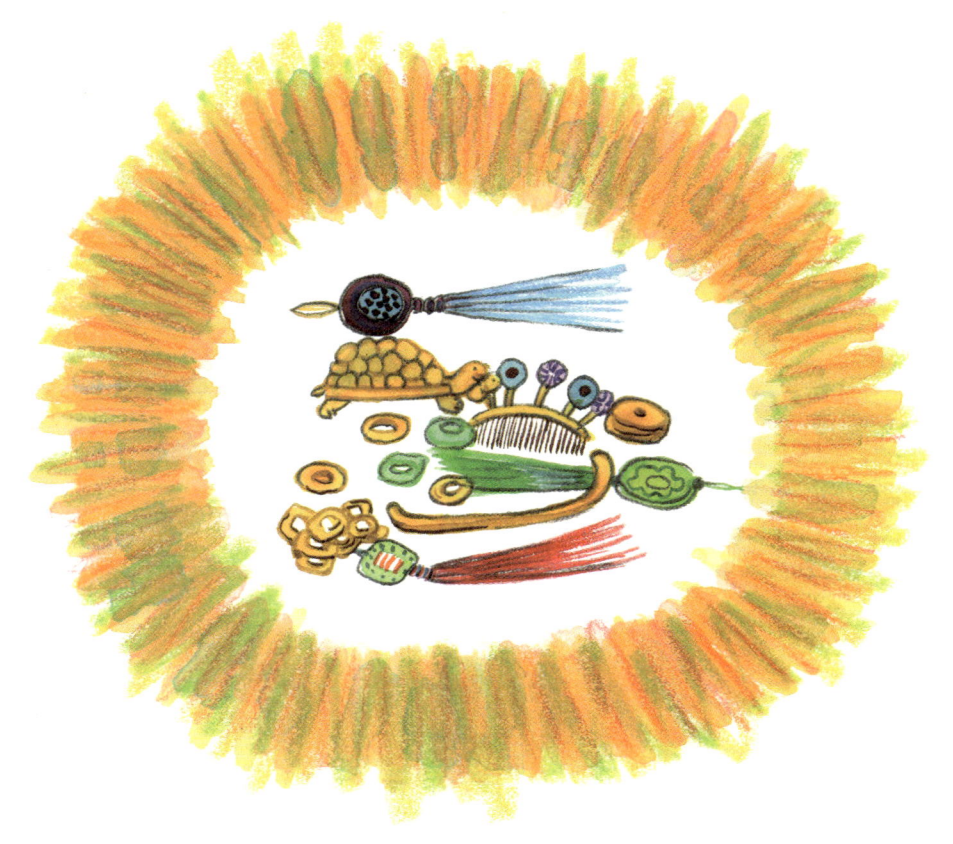

그래서 모든 국민이 돈을 모아 나라의 빚을 갚고 국민의 권리를 되찾자는 국채 보상 운동이 시작된 것이다. 이 운동은 대구 대동광문회의 서상돈이 처음으로 제안했는데 금세 온 나라에 소문이 퍼졌다.

안중근도 소식을 듣고 평양의 명륜당에서 1,000명이 모인 가운데 의연금을 내도록 권하는 연설을 했다. 그리고 부인과 친척들에게도 권해 반지 등 값진 패물까지 내놓게 해 나라를 구하는 일에 앞장섰다.

안중근이 평안도 지역에서 국채 보상 운동을 이끌자 어느 날 일본 경찰이 찾아와 물었다.

"당신들의 회원은 얼마나 되며, 돈은 얼마나 거두려고 하는가?"

"회원은 2천만 명이고 모두 1,300만 원을 거둬 일본에 갚으려 한다."

안중근이 대답하자 일본 경찰은 코웃음을 쳤다.

"한국인들의 수준은 밑바닥인데 어떻게 그만한 돈을 모을 수 있겠는가?"

일본 경찰이 비웃자 안중근이 당당히 말했다.

"우리가 빚을 졌으면 갚으면 되는 것이고, 일본이 받을 돈이 있다면 받아 가면 될 일이다. 그런 식으로 한국인을 비웃지 마라."

이 말을 들은 일본 경찰은 마구 화를 내면서 주먹질을 하였다. 그렇다고 가만히 맞을 안중근이 아니었다.

"너희들이 우리 2천만 동포들을 짓밟으려 하지만 우리가 가만히 있을 줄 아는가?"

안중근은 일본 경찰의 멱살을 틀어잡고 마구 때리기 시작했다. 곁에서 사람들이 몰려들어 싸움을 말리지 않았다면 안중근은 감옥살이를 했을 게 분명했다.

안중근이 교육 사업을 통해 인재를 키우고, 국채 보상 운동을 벌이던 1907년 봄이었다.

하루는 한 노인이 안중근을 찾아왔다. '김 진사'라고 알려진 노인은 안중근의 아버지와 가까운 사이였다.

"자네에게 해 줄 말이 있어 일부러 찾아왔네. 자네가 교육 사업을 시작했으며 이런저런 독립운동을 벌이고 있다는 소식은 들었네. 또 자네의 기개가 훌륭하다는 것도 잘 알아."

"송구스럽습니다."

"하지만 나라가 이 지경인데 어찌 앉아서 죽기를 기다리겠는가?"

노인의 질문에 안중근은 깜짝 놀라며 되물었다.

"그렇다면 무슨 좋은 방법이라도 있습니까?"

"자네도 알다시피 지금 북간도와 블라디보스토크 등에는 한국인이 백만 명쯤 살고 있잖은가. 그곳은 물산이 풍부하고 땅이 넓어 장부다운 기개를 한번 펼쳐 볼 만한 곳일세."

그 말에 안중근은 주먹을 불끈 쥐었다.

"제가 왜 그 생각을 못했는지 부끄럽군요. 어르신 말씀을 반드시 명심하겠습니다."

안중근은 김 진사에게 고개를 숙였다. 가족 모두가 외국으로 떠날 필요 없이 안중근 혼자라면 넓은 만주 벌판을 휘저으며 얼마든지 독립운동을 펼칠 수 있을 터였다.

북간도로 떠나기로 작정한 안중근은 차근차근 준비를 해 나갔다. 그로부터 얼마 지나지 않아 헤이그 밀사 사건이 일어났고, 곧이어 정미 7조약이 맺어졌다. 더 이상 머뭇거릴 수 없었던 안중근은 어머니와 부인, 아이들과 작별하고 길을 나섰다.

안중근은 아우들에게 가족과 학교를 잘 보살피도록 당부했다.

"우리나라 사람들은 화합하는 마음이 부족하다. 이것은 사람들이 겸손하지 않기 때문이다. 너희들은 항상 남에게 겸손하며, 삼흥학교를 잘 경영하여 훌륭한 인재를 많이 키우도록 해라."

이때가 1907년 7월, 안중근의 나이는 스물아홉 살이었다.

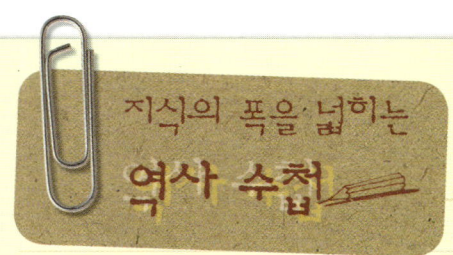

자주적인 역사관을 세운 신채호

가난한 선비의 집안에서 태어난 단재 신채호(1880~1936)는 역사학자이며 언론인, 독립운동가로 활약했다. 그는 1905년부터 《황성신문》에 논설을 쓰기 시작했으며 이듬해에는 《대한매일신보》 주필로 활약했다. 한때 그는 국채 보상 운동에 참여했으며 순 한글로 《가정잡지》를 펴내기도 했다. 1910년 신민회 동지들과 중국 칭다오로 망명한 그는 안창호, 이갑 등과 더불어 독립운동을 펼쳤으며, 블라디보스토크로 옮겨서는 《권업신문》에서 활동했다.

그 뒤에도 우리 역사를 연구하던 그는 "독립이란 누가 주어서 이뤄지는 게 아니라 스스로 싸워서 얻는 것"이라고 주장했다. 또 이런 생각은 그의 역사 연구에도 그대로 이어져 우리 민족의 자주적인 역사관을 세웠고, 한국사를 연구하는 기초를 다졌다. 그는 《조선 상고사》, 《조선사론》, 《을지문덕전》, 《이순신전》 등 많은 역사 서적과 위인전을 펴냈다. 1962년 정부는 건국훈장 대통령장을 추서하여 그의 업적을 높이 기렸다.

▲ **신채호** | 옥에 갇혔을 때 신채호의 모습.

독립 투쟁의 중심지 간도

중국의 동북쪽 지역을 둥베이 또는 만주라고 한다. 만주는 랴오닝·지린·헤이룽장 성으로 이루어진 넓은 지역으로 이 가운데 지린 성과 랴오닝 성에 속한 일부 지역을 간도라고 부른다. 이 지역은 조선과 청나라 사이에 놓인 섬 같다는 뜻에서 간도라고 불리게 되었다.

간도 지역은 오래전 읍루와 옥저가 차지했다가 고구려가 영토를 넓혀 나가면서 고구려의 땅이 되었고 그 뒤에는 발해의 영토였다. 그러나 통일 신라를 거쳐 고려가 세워지면서부터 여진족이 간도 땅 여러 곳에 흩어져 살기 시작했다. 여진족은 농사보다는 유목 생활을 하며 사냥 등으로 생계를 이어 갔기 때문에 간도 지역은 오랫동안 개척되지 않은 땅으로 남아 있었다.

그러다 조선 후기에 여러 차례 가뭄과 흉년이 들자 우리 조상들 수만 명이 간도로 건너가 농사를 짓기 시작했다. 본래 우리의 영토였던 간도를 되찾은 셈이었다.

그러나 1712년에 '백두산 정계비'가 세워진 뒤 조선과 중국은 간도의 영유권을 두고 갈등을 겪게 되었다. 그러다 1909년, 청과 일본 사이에 '간도 협약'이 맺어진 뒤로는 청나라 영토에 포함되었다. 이렇게 된 것은 일본이 남만주철도 부설권 등 네 가지 이권을 얻는 대신 간도를 청나라에 넘겨주었기 때문이다. 그럼에도 간도는 일제 강점기에 독립 투쟁의 중심지 구실을 했으며 오늘날에도 1백만 명 이상의 한국인들이 살고 있는 곳이다.

▲ **눈 덮인 간도의 농촌** | 간도 지역은 조선 후기에 조상들 수만 명이 건너가 정착하였고, 오늘날에도 많은 한국인이 살고 있다.

일제에 저항하는 의병 투쟁

안중근이 연해주로 가던 무렵, 국내에서는 의병 활동이 더욱 활발해졌다. 임진왜란이 끝난 뒤 한동안 잠잠하던 의병 운동은 조선 말기와 대한 제국 때에 다시 불붙기 시작했다. 명성 황후가 일본인들에게 목숨을 잃은 사건 때문

에 일어난 을미의병(1895년), 을사조약을 맺은 뒤에 일어난 을사의병(1905년), 대한 제국 군대를 해산한 뒤 일어난 정미의병(1907년) 등은 대표적인 의병 활동으로 손꼽을 수 있다.

을미의병 때는 주로 유생들이 의병장을 맡았지만 을사의병, 정미의병 때에는 유생들보다 농민, 군인, 포수 등 지위가 낮은 사람들이 의병장을 맡는 경우가 많았다. 이들 의병 부대는 서로 힘을 모아 일본 헌병대를 비롯해, 의병을 진압하려고 조직된 진위대나, 군청, 세무서, 철도, 우편 취급소 등의 기관을 습격하고 파괴하였다.

을사조약을 맺은 뒤 가장 먼저 의병 운동을 일으킨 사람은 최익현, 민종식 등 유생들이었다. 민종식은 충청도에서 의병을 일으켰고 그의 의병 부대에 모여든 사람들은 한때 1,000명이 넘기도 했다. 최익현도 자신의 제자들을 중심으로 의병을 일으키게 하여 최익현 의병 부대에 모여든 사람들도 1,000명이 넘었다.

▲ **최익현** | 조선 후기의 대표적인 유학자. 갑오개혁 때 일본과의 통상, 단발령 등에 반대하였다. 을사조약 이후 의병 활동을 벌였으나 쓰시마 섬에 유배되어 세상을 떠났다.

최익현 등 유생들은 오래전부터 위정척사 운동을 일으켜 서양 세력을 배척하며 중국을 떠받드는 데 힘을 기울여 왔다. 그들은 '일본 오랑캐를 무찌르고 역적을 몰아내 나라를 튼튼히 지키자'는 뜻으로 의병들을 모았다. 그런데 실제 일본군이나 관군과 맞서 싸우지는 못했다. 오히려 일본군과 관군이 최익현 의병 부대를 에워싸자 최익현은 "저들과 싸우는 것은 우리 자신을 치는 것과 같으니 우리가 차마 맞서 싸울 수 있겠는가?"라며 의병들을 물러나게 하고 스스로 체포되었다. 그 후 최익현은 일본 쓰시마 섬으로 유배되었다가 일본인이 주는 밥은 먹지 않겠다며 단식 투쟁을 벌이다가 세상을 떠났다.

한편 을사조약을 맺은 일본은 한국의 정치를 간섭하기 위해, 자신들이 추천하는 고문을 두게 했다. 그래서 을사조약을 맺은 뒤 한국에는 미국인 스티븐스가 외교 고문으로 와 있었다. 스티븐스는 그때부터 일제의 앞잡이가 되어 한일 병합을 하는 데 크게 이바지했다. 그리고 한국인을 모욕하는 말을 일삼다가 미국으로 돌아갔는데 그때 장인환, 전명운 등 한국의 독립지사에

고문 | 어떤 분야에 대해 전문적인 지식과 경험이 있어 의견을 제시하고 답변을 해 주는 사람이나 그 직책.

게 사살당했다. 그로부터 얼마 뒤, 안중근이 이토 히로부미를 사살한 것도 두 사람의 의거에 영향을 받았기 때문이다.

을사조약 이후 스티븐스와 같은 외국 고문이 다스렸던 때의 정치를 두고 '고문 정치'라고 부르기도 한다. 일제는 1907년, 정미 7조약을 맺은 뒤로는 고문 정치 대신 '차관 정치'를 시작했다. 통감의 임명을 받은 일본인 차관들이 한국의 정치를 사사건건 간섭한 것이다. 그런 데다 장관들은 대부분 친일파들이어서 한국의 모든 정치는 일본인들이 움직이는 것이나 마찬가지였다.

이렇게 되자 고종 황제는 을사조약의 부당함을 전 세계에 호소하기 위해 많은 노력을 기울였다. 그러던 1907년, 네덜란드 헤이그에서는 세계 26개국 대표들이 모인 가운데 제2회 만국 평화 회의가 열릴 예정이었다. 고종 황제는 이 회의에 한국의 사절을 보내기로 하고 이준을 특사로 임명했다. 이준은 검사를 지냈으며 여러 학교를 설립한 교육자였다. 이준은 몰래 네덜란드로 가던 중 이상설, 이위종 등과 만나 세 사람이 함께 만국 평화 회의가 열릴 헤이그에 도착했다. 하지만 만국 평화 회의를 개최한 네덜란드는 한국의 대표를 회의장에 들여보낼 수 없다며 가로막았다.

"왜 우리가 못 들어간다는 것이오?"

이준 일행이 항의하자 만국 평화 회의 관계자는 을사조약을 들먹였다.

"지금 한국의 외교권을 일본이 가지고 있기 때문이오. 한국은 일본의 속국이나 다름없으니 이 회의에 참석할 자격이 없소."

고종 황제가 헤이그로 밀사를 보낸 것을 미리 알아챈 일본이 방해를 한 것이었다. 결국 고종 황제의 밀사들은 네덜란드의 한 신문사가 마련한 회의장에서 을사조약이 무효라는 선언문을 낭독해 전 세계에 알렸다. 하지만 어떤 나라에서도 귀를 기울이지 않았다. 그 일로 이준은 크게 울분을 느끼고 단

차관 | 장관 밑에서 장관을 보좌하거나 그 업무를 대신하는 관리.

식 투쟁을 하다가 네덜란드에서 세상을 떠났다. 이 일을 '헤이그 밀사 사건'이라고 부른다.

헤이그 밀사 사건이 일어나자 통감이던 이토 히로부미가 고종 황제를 찾아갔다. 1907년 7월 18일 저녁이었다.

"헤이그로 밀사를 보내 대일본제국의 위신을 떨어뜨린 책임을 지고 당장 황태자에게 그 자리를 물려주시오."

고종 황제는 어처구니가 없어 말을 잇지 못했다.

"내 말을 들으시오. 그렇지 않으면 대일본제국의 충성스런 군사들이 가만두고 보지 않을 것이오."

이토는 밤새도록 고종 황제를 협박했다. 하지만 고종 황제는 이토의 요구를 거절하다가 이튿날 새벽에야 두 손을 들고 말았다. 그리고 '대한 제국의 국정을 황태자에게 대리시키겠다'는 뜻을 밝혔다. 이것은 황태자인 순종에게 정치를 맡기겠다는 것이지 고종이 황제의 자리에서 물러나겠다는 뜻은 아니었다. 그러나 이토의 지시를 받은 이완용 등 친일파 대신들은 고종이 황제의 자리를 아들에게 물려준다고 발표했다. 결국 고종은 쓸쓸하게 자리에서 물러났고 그의 아들인 순종이 황제가 되었다. 조선의 마지막 임금인 순종은 이토 히로부미의 허수아비에 지나지 않았다.

이토의 협박을 받아 고종 황제가 물러난다는 소식을 듣게 된 국민들은 다시 한 번 쓰라린 눈물을 흘렸다. 서울의 많은 시민들은 분노하여 친일 단체인 일진회가 운영하는 국민신문사와 경찰서 등을 습격해 파괴했다. 그리고 나라를 판 이완용의 집에 불을 지르기도 했다.

며칠 뒤인 7월 24일, 일본은 '정미 7조약'을 강제로 맺게 했다. 정미 7조약은 '한일신협약'이라고도 하는데 조선 통감의 권력을 강화하는 게 주요 내용

이다. 이 조약에 따라 한국 정부는 거의 모든 권력을 통감인 이토 히로부미에게 넘겨주어야 했다. 그래서 이토 히로부미를 '조선 침략의 원흉'이라고 부르게 된 것이다.

일본은 정미 7조약을 맺자마자 '보안법', '신문지법' 등 여러 가지 법을 만들었다. 모두 한국인들이 일본에 저항하는 것을 막기 위해 만들어진 악법들이었다. 이때 일본은 더 나아가 한국 군대를 해산시켰다. 그래야 일본 군대와 경찰만으로 한국을 지배하며, 한일 병합을 손쉽게 이룰 수 있었기 때문이다.

그 무렵 한국 군인은 서울에 약 4,000명, 지방에는 5,000명 정도가 있었다.

1907년 7월 말, 한국의 총리대신 이완용과 일본군 사령관 하세가와의 명령이 떨어졌다.

"대한 제국의 군대는 더 이상 필요 없다. 대한 제국은 일본 경찰과 군인이 지킬 것이니 모두 해산해라."

이 사실을 알게 된 한국군 박승환 대대장이 부하들에게 말했다.

"이제 우리 대한 제국 군대는 없어지게 되었다. 왜놈들이 이 땅을 짓밟고 지금은 군대마저 없애려고 하니 참으로 원통하고 부끄러운 일이다. 나는 대대장으로서 자네들을 볼 낯이 없다. 나라를 위해 어떻게 하는 것이 옳은지 잘 생각해 행동으로 옮기길 바랄 뿐이다."

그날, 박승환 대대장은 자기 방으로 들어가 권총으로 목숨을 끊었다. 대대장이 자결한 것을 알게 된 군사들은 슬픔과 울분에 사로잡혔다.

"우리는 대한 제국의 군인들이다. 우리가 해산하면 나라는 왜놈들에게 완전히 짓밟힐 것이다. 모두 나가서 박승환 대대장님의 원수를 갚자!"

이때 한국 군인들 1,600여 명은 서소문에 있던 일본군 본부로 쳐들어가 전투를 벌였다. 일본군은 기관총까지 쏘아 대며 한국군을 몰아내려고 했다.

악법 |일반적인 상식이나 이치에 맞지 않는 나쁜 법률.

이 전투에서 일본군은 42명이 다쳤다. 이에 비해 한국군은 68명이 목숨을 잃었고 100여 명이 다쳤으며 500여 명은 포로가 되었다.

하지만 이 전쟁을 패배라고만 할 수는 없었다. 군인들의 애국심과 용감한 행동이 다른 사람들과 의병들에게 큰 힘을 주었기 때문이다. 이때

▲ **의병** | 백성들이 자발적으로 일으킨 의병 운동은 일제에 저항하며 항일 독립군의 뿌리가 되었다.

부터 여러 지방에서 활동하던 의병들도 더욱 용감하게 일본군과 맞서 싸웠다.

해산되어 갈 곳이 없어진 군인들은 전국 각 지역으로 흩어져 의병 부대에 들어갔다. 일본군에 비해서는 뒤떨어졌지만 무기를 갖추고, 전투 경험이 있는 군인들이 의병 부대에 들어오면서 의병들의 힘은 더욱 커졌다.

1907년 9월, 그때까지만 해도 흩어져 싸우던 의병들은 연합 부대를 만들어 서울로 진격해 일본군을 물리치려고 했다. 이에 따라 여러 지역의 의병 부대가 연합한 '13도 창의대'가 만들어졌다. 의병 1만 5,000여 명으로 이뤄진 13도 창의대는 1907년 12월 말 서울 동대문 밖에서 모여 서울에 있던 일본군을 공격할 계획이었다. 그런데 이 계획은 끝내 이뤄지지 못했다. 몇몇 부대가 미리 길목을 지키고 있던 일본군에게 기습 공격을 받았기 때문이다.

결국 허위, 이강년 등 주요 지휘관이 체포된 후 사형당하자 13도 창의대는 해산되었고 의병 활동은 주춤해졌다. 그럼에도 여러 곳에 흩어진 의병들은 1907년부터 1910년 사이에 모두 2,800회나 일본군과 전투를 벌였고, 의

병 1만 8,000여 명이 목숨을 잃었다.

이런 가운데서도 여러 의병들 중 가장 눈부시게 활약한 사람은 홍범도였다. 일본군들이 이름만 들어도 벌벌 떨었다는 '백두산 호랑이' 홍범도는 어려서 부모님을 잃고 힘겹게 살던 중 군인이 되었다. 군대에서 사격술과 무예를 익히던 그는 장교들이 부하 군인들을 괴롭히고 횡포를 일삼자 부대를 탈출했다. 그 후 1895년, 을미사변 때 의병을 일으켰는데 이때부터 홍범도 의병대는 평안도, 함경도 등에서 일본군을 공격해 두려움에 떨게 했다.

홍범도가 더욱 이름을 떨치기 시작한 것은 그가 마흔 살 되던 해인 1907년이었다. 그해에 정미 7조약이 맺어지고 온 나라에서 의병들이 일어나자 홍범도는 두 주먹을 불끈 쥐었다.

'내 저 간악한 왜놈들을 남김 없이 처단하리라.'

홍범도는 같이 일하던 포수들을 중심으로 의병 부대를 꾸렸다. 사격 솜씨가 좋고 산속 생활에 익숙한 홍범도 부대는 차례로 큰 승리를 거두었다. 일본군이 '홍범도 토벌대'를 따로 만들 만큼 홍범도의 활약은 눈부셨다. 홍범도 부대는 함경도의 후치령, 삼수성, 갑산읍, 운승리, 세곡 등에서 전투마다 승리를 거두었다. 그러자 사람들 사이에서는 홍범도를 찬양하는 노래가 퍼지기 시작했다.

홍 대장 가는 길에는 일월이 밝은데
왜적 군대 가는 길에는 눈과 비가 내린다
에헤야 에헤야 에헤야 에헤야
왜적 군대가 막 쓰러진다
······

일본군은 홍범도를 잡기 위해 그의 부인까지 잡아들였다. 홍범도의 부인은 그때 심한 고문을 받다가 감옥에서 목숨을 잃었다. 또 홍범도의 큰아들 홍양순도 의병으로 활약하다가 장렬하게 숨졌다. 그럼에도 홍범도는 항일 투쟁을 포기하지 않고 러시아 연해주로 건너가 봉오동, 청산리 전투에서 눈부신 공을 세웠다.

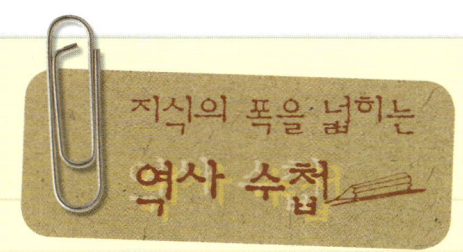

고종 황제의 특사 · 이준

네덜란드 헤이그HS역에서 걸어서 10분 정도 떨어진 곳인 와건스트라트에는 '이준 기념관(Yijun peace museum)'이 있다. 이 기념관 앞에는 태극기가 게양되어 있으며 정문에는 "이 집은 이준 열사가 순국하신 역사적인 집입니다."라는 글이 새겨져 있다.

이준 기념관은 1907년 당시 이준 열사가 머물다가 순국한 드 용(De Jong) 호텔 건물을 기념관으로 새롭게 꾸며 1995년에 문을 연 것이다. 네덜란드에서 사업을 하던 이기항, 송창주 부부의 노력으로 만들어진 이 건물은 유럽에 하나밖에 없는 한국인 애국지사 기념관이기도 하다.

이준은 "을사조약이 일제의 협박을 받아 강제로 이뤄진 조약이므로 국제법상 무효라는 것을 전 세계에 알리고 한국 독립에 대한 서양 열강의 도움을 받아야 한다."고 건의해 고종 황제의 허락을 받았다. 이때 고종 황제는 네덜란드에서 열리는 만국 평화 회의에 보낼 특사로 의정부 참찬을 지냈던 이상설, 평리원 검사인 이준과 러시아 공사관에서 외교관으로 있었던 이위종을 임명했다.

이준은 1907년 4월 22일 서울을 출발해 부산으로 내려갔다. 그곳에서 배를 타고 러시아 블라디보스토크에 도착해 기다리고 있던 이상설을 만나 시베리아 횡단 열차를 타고 같은 해 6월 4일 러시아 페테르부르크에 도착했다. 그곳에서 두 사람은 러시아 공사인 이범진, 이위종을 만나 여러 차례 회의를 가졌다. 그 뒤 이위종과 함께 6월 25일에 만국 평화 회의가 열릴 헤이그에 도착해 드 용 호텔에 머물며 한국의 독립을 전 세계에 호소했다. 하지만 일본의 방해로 뜻을 이루지 못하고 순국하였다.

▲ 헤이그에 있는 이준 열사 기념관

(조국 독립을 피로 맹세하다)

　안중근은 해외로 망명해 독립 투쟁을 벌이기로 결심하고 함경도 회령에서 두만강을 건너가 북간도의 용정에 도착했다. 그곳에서 석 달 동안 머물다가 다시 엔치야를 지나 블라디보스토크로 옮겼다. 안중근이 북간도 용정에서 계속 머물지 못한 것은 그곳에 일본군이 버티고 있었기 때문이다.
　이 무렵 블라디보스토크에는 한국인이 약 5,000명 정도 살고 있었다. 그곳에는 수많은 항일 독립 운동 단체들이 있었으며 《대동공보》 등 한국 신문도 발행되고 있었다.
　안중근은 여러 독립 운동 단체들 중 '계동청년회'에 가입해 항일 운동을 시작했다. 그는 의형제를 맺은 엄인섭, 김기룡 등과 함께 블라디보스토크를 비롯해 하바로프스크 등에 있던 한국인 마을을 찾아다니며 열심히 강연했다.
　"존경하는 동포 여러분. 여러분은 우리 대한 제국의 참상을 알고 계십니

엔치야 | 두만강 건너편에 있던 러시아의 마을. 연해주의 의병 본부가 있었던 이 마을은 오늘날에는 폐허로 변해 항일 투쟁을 벌였던 독립군들의 흔적을 찾아볼 수 없다.

까? 러일 전쟁이 시작될 때 이토는 '동양 평화를 유지하고 대한 제국의 독립을 굳건히 한다'고 약속한 일이 있습니다. 그러나 전쟁이 끝난 뒤 그들은 오히려 을사조약, 정미조약을 차례대로 맺었으며 황제를 몰아냈습니다. 그래서 마침내 우리의 조국을 손아귀에 넣었으니 어느 누가 그 분함을 참고, 욕됨을 견딜 것입니까?"

안중근의 강연은 동포들에게 큰 관심을 끌었으며 그가 연설을 마치면 많은 사람들이 독립운동에 직접 뛰어들거나 자금과 무기를 내놓았다. 이러한 노력으로 안중근은 따로 의병 부대를 만들 수 있었다. 그 무렵 엔치야에는 약 4,000명 정도의 의병들을 지휘하는 '창의소'가 만들어졌다. 창의소는 여러 의병 부대의 본부 역할을 하는 곳으로 최재형, 이위종, 이범윤 등이 이끌고 있었다.

창의소는 얼마 뒤 이범윤을 총대장으로 하는 '의병대'를 만들었다. 이 의병대에는 안중근, 엄인섭, 김기룡, 우덕순 등의 부대가 포함되어 있었다. 안중근은 의병대의 참모중장으로 뽑혀 부대를 편성하고 군사 훈련을 하는 데 큰 역할을 했다.

모든 준비를 마친 의병대는 두만강 등의 국경을 건너 한국에 있는 일본군과 전쟁을 벌이기로 했다. '국내 진공 작전'이라고 부르는 이 작전을 성공시키기 위해서는 일본군 국경 수비대를 무너뜨려야만 했다.

1908년 6월, 안중근은 의병 300여 명을 이끌고 두만강을 건너갔다. 함경북도 홍의동에 이른 안중근 부대는 그곳에서 일본군과 치열하게 전투를 벌였다. 이 전투에서 안중근 부대는 적 50여 명을 사살하고 10여 명을 사로잡는 큰 승리를 거두었다.

그날 밤, 안중근이 일본군 포로들에게 물었다. 포로 중에는 군인뿐만 아니라 농민과 상인들도 있었다.

"그대들은 모두 일본 천황을 받드는 사람들 아닌가? 그런데 왜 천황의 지시를 따르지 않는가?"

안중근이 이렇게 묻자 포로들은 얼떨떨한 표정으로 되물었다.

"그게 무슨 뜻이오?"

"일본 천황은 러일 전쟁을 시작하면서 동양 평화를 지키고 대한 제국의 독립을 지키겠다고 선언했다. 그런데 그대들은 대한 제국의 황제를 몰아내고 나라를 짓밟고 있으니 천황의 분부를 어긴 것이 아닌가?"

포로들은 눈물을 흘리면서 대답했다.

"당신들과 싸운 것은 우리의 본심이 아닙니다. 우리가 이렇게 된 것은 오직 이토 히로부미의 잘못 때문이오. 이토는 천황의 거룩한 뜻을 저버리고 권세를 마음껏 휘둘러 일본과 한국 국민들의 목숨을 빼앗은 자입니다. 그러니 당장 죽게 될 우리는 이토 히로부미가 원망스러울 뿐이오."

포로들은 이렇게 말하며 더욱 크게 울음을 터뜨렸다.

"이제 울음을 그쳐라. 내가 그대들을 풀어 줄 것이니 이토와 같은 자들을 그대들의 힘으로 쓸어버리겠다고 약속하겠는가?"

포로들은 언제 통곡을 했냐는 듯 환호성을 질렀다.

"물론이오. 우리는 얼마든지 그런 놈들을 없앨 수 있습니다. 그런데 대장님……."

"뭔가?"

"우리가 빈손으로 살아서 돌아간다면 군율을 어긴 것이 되어 큰 벌을 받을 것입니다. 무기를 돌려줄 수 있으신가요?"

"좋다. 무기를 돌려줄 테니 나중에라도 우리에게 사로잡혔다는 말은 하지 말거라."

안중근은 포로들에게 무기를 돌려주고 모두 풀어 주었다.

그러자 대원들이 크게 항의했다.

"대장님, 애써 사로잡은 포로들을 풀어 주다니 이게 무슨 경우입니까?"

"이런 법이 어딨습니까?"

"안 됩니다. 지금이라도 저놈들을 모조리 죽여야 합니다."

이때 안중근이 침착하게 대답했다.

"그건 안 되오. 국제법에는 상대국 포로를 함부로 죽이지 못하게 되어 있소. 더구나 저들은 농사를 짓거나 장사를 하다가 이토의 지시를 받고 이곳까지 왔으니 저들에게 무슨 죄가 있겠소."

"그럼 우린 뭡니까? 저자들은 우리 의병을 사로잡으면 참혹하게 죽여 버리지 않습니까? 그런데 애써 잡은 저들을 살려 준다면 우린 무슨 목적으로 여기에 있는 겁니까?"

한 장교가 이렇게 따졌다.

"그렇다고 우리까지 똑같이 행동한다면 옳지 않소. 우리도 일본을 무력으로 침략해 닥치는 대로 일본인을 죽여야 옳겠소? 병법에 이르기를 적을 알고 나를 알면 백전백승이라 했소. 지금은 저들이 강하고 우리가 약한 시절이오. 우리가 이렇게 의병을 일으키는 것은 이토의 흉악한 계략을 전 세계에 알리는 것일 뿐 아무 죄도 없는 일본인을 마구 죽이는 게 목적은 아니잖소?"

안중근이 이렇게 설득했지만 부하들의 불만은 좀처럼 수그러들지 않았다. 결국에는 여러 장교들이 자기 부하들을 데리고 안중근 부대를 떠나고 말았다. 게다가 풀려난 일본군 포로들이 안중근 부대의 규모와 위치를 알려 주어 그다음 전투에서 크게 패배했다.

안중근은 정의와 평화를 사랑했으며 의협심이 강했다. 그래서 사로잡은 포로들도 풀어 준 것인데 그들은 풀려나자마자 생명의 은인을 거리낌 없이 배신했던 것이다.

일본군에게 크게 패배한 안중근은 전투를 시작한 지 45일이 지나서야 남아 있던 부하 두 명과 함께 엔치야에 도착했다. 그때 안중근 일행의 고생은 이루 말할 수 없었다. 며칠 동안 물 한 모금 마시지 못하기 일쑤였고 낮엔 숲 속에서 자고 밤엔 어둠을 더듬어 안전한 곳으로 이동했던 것이다.

　　이처럼 죽음을 넘나들며 엔치야에 이르렀을 때 동지들은 안중근의 모습을 알아보지 못했다. 입고 있던 옷은 걸레처럼 너덜너덜 헤진 데다 비를 많이 맞은 탓에 여기저기 썩었다. 더구나 그의 몸은 뼈만 남아 있어 위풍당당하던 본래의 모습은 도무지 찾아볼 수가 없었다.

　　안중근은 엔치야의 한국인 마을에 열흘 정도 머물면서 건강을 되찾았다.

　　"여러분들이 보살펴 준 덕택에 목숨을 구했습니다. 한동안 블라디보스토크에 다녀올까 하오."

　　안중근이 동포들에게 작별 인사를 건넸다.

　　"그래도 아직 먼 길을 가기엔 무리입니다. 좀 더 쉬었다가 가십시오."

　　동포들이 말렸지만 안중근은 블라디보스토크의 사정을 알아보고 돌아오겠다며 길을 나섰다. 얼마 뒤 안중근이 블라디보스토크에 도착하자 그곳의 독립지사들은 환영회를 열어 주었다. 그것이 너무 부끄러웠던 안중근은 손사래를 치면서 말했다.

　　"전쟁에서 패하고 돌아온 사람이 무슨 환영을 받겠습니까? 면목이 없습니다."

　　그러나 독립지사들은 고개를 저었다.

　　"군인이 전쟁에서 이기고 지는 것은 늘 있는 일이니 무엇이 부끄럽단 말이오?"

　　"그렇고말고요. 게다가 그처럼 위험한 곳에서 무사히 살아 돌아왔으니 당연히 환영을 해야지요."

그 말에 용기를 얻은 안중근이 대답했다.

"정말 고맙습니다. 앞으로 더욱 큰일을 위해 분발하겠습니다."

안중근은 블라디보스토크에서 며칠 머문 뒤 다시 길을 나섰다. 하바로프스크, 헤이룽장, 수찬 등을 다니며 동포들에게 연설을 하기도 하고 독립 운동 단체를 조직하기도 하면서 수천 킬로미터를 돌아다녔다.

그러다가 한번은 친일파 단체인 일진회 회원들에게 사로잡혔다. 일진회 회원들은 안중근의 정체를 알게 되자 발로 걸어차 쓰러뜨리고 몰매를 때렸다. 이미 여러 차례나 죽을 고비를 넘겼던 안중근은 조금도 굽힘이 없었다. 매를 맞으면서도 오히려 큰 소리로 일진회원들을 꾸짖었다.

"어리석은 놈들이구나. 너희들이 날 죽이고도 무사할 것 같으냐? 아까 나와 함께 있던 동지들이 네놈들을 똑똑히 보아 두었으니 의병들을 데리고 와서 네놈들을 모조리 죽여 없앨 것이다. 맘대로 하거라."

이 말에 겁을 먹은 그들은 서로 티격태격 다투던 끝에 도망쳤다.

하지만 안중근은 그들에게 죽도록 매를 맞은 터라 여기저기 상처가 났고 움직일 수도 없었다. 그는 안간힘을 다해 한 친구의 집으로 찾아가 그곳에서 몸을 치료하면서 그해 겨울을 지냈다.

1909년 1월, 건강을 되찾은 안중근은 다시 엔치야로 돌아갔다.

"안 대장! 우리가 얼마나 기다린 줄 아시오?"

안중근의 동지들이 말했다. 그들은 블라디보스토크에 다녀오겠다던 안중근이 몇 달이 지나도록 나타나지 않자 걱정했다고 했다.

"미안하게 되었소. 사실은……."

안중근은 그동안 있었던 일을 동지들에게 털어놓았다.

"그런 줄도 모르고 우린 대장님이 사고를 당한 줄 알았소."

▲ **안중근의 동지** |안중근은 하얼빈 의거 직전에 러시아와 중국 경계에 있던 엔치야 부근 마을에서 태극기를 펼쳐 놓고 열한 명의 동지와 함께 왼손 넷째 손가락을 자르고 동의단지회를 조직했다. 뒷줄 왼쪽의 백규삼, 오른쪽의 황병길이 동의단지회의 회원이다.

"하하하! 아무튼 여러 동지들을 다시 만나게 되어 정말 마음 든든합니다. 내가 그동안 생각한 것이 있는데 동지들과 의논하고 싶소."

동지들은 아무런 말도 없이 안중근의 얼굴에 눈길을 던졌다. 안중근까지 모두 열두 명이 모인 자리였다.

"사실 지난번 전투에서 내가 이끌던 부대가 크게 패한 건 모두 내 잘못이오."

"아닙니다. 우리가 그때 안 대장을 따라갔더라면 그렇게 뿔뿔이 흩어지진 않았을 텐데……."

"그래서 우리도 단체를 만들고 규칙을 정해 그것을 실천해야 합니다. 그래야 다른 단체들 못지않게 항일 운동에 공을 세울 수 있지 않겠소?"

사람들은 모두 고개를 끄덕였다.
"난 오늘 우리가 피로써 맹세하고 조국 독립을 위해 한마음이 되었으면 하오. 동지들의 뜻은 어떻소?"
"찬성합니다. 우린 대장의 말을 무조건 따를 것이오."
"그렇소. 조국을 구하기로 맹세합시다."
이 말을 듣고 안중근은 허리에 차고 있던 단검을 빼들었다.

"동지들이 기꺼이 동의를 해 주었으니 우리 단체의 이름은 동의단지회로 정하겠소."

여기서 '단지(斷指)'란 손가락을 끊는다는 뜻이다. 그러므로 '동의단지회'는 손가락을 끊어 한마음으로 조국의 독립을 위해 싸우기로 맹세한 항일 단체인 것이다.

안중근은 자신의 왼손 약지 손가락 끝마디를 단숨에 잘랐다. 피가 철철 쏟아졌다. 그는 곧 책상 위에 펼쳐 놓은 태극기 앞면에 '대한 독립(大韓獨立)'이라는 네 글자를 크게 적었다. 왼손 약지 한 마디가 잘려진 안중근의 손도장은 오늘날에도 유명하다. 안중근에 이어 나머지 회원들도 저마다 왼손 약지를 잘라 모두 한마음, 한뜻으로 뭉치겠다는 뜻을 하늘에 맹세했다. 안중근을 비롯해 김기룡, 강순기, 정원주, 박봉석, 류치홍, 조응순, 황병길, 백규삼, 김백춘, 김천화, 강찬두 등 열두 명이 동의단지회 회원이었다.

안중근은 하얼빈 의거로 재판을 받을 때에도 동의단지회 회원들의 실제 이름을 밝히지 않았다고 한다. 그들을 보호하기 위해서였다.

동의단지회를 조직한 안중근은 엔치야에서 강연을 하기도 하고 독립 운동에 필요한 자금도 모으면서 바쁘게 지냈다. 그러던 어느 날이었다. 그는 문득 블라디보스토크로 가고 싶어졌다. 왠지 그곳에 가면 중요한 일이 생길 것만 같았다. 안중근이 동의단지회 회원들에게 그런 뜻을 밝혔다.

"동지들, 내일쯤 나는 블라디보스토크로 가 볼 생각이오."

"안 대장, 갑자기 거긴 왜 간다는 것이오?"

"특별한 이유는 없으나 그곳으로 가야 할 것만 같소."

"그럼 언제 이곳으로 돌아오실 겁니까?"

이 질문을 받고 난 안중근은 무심코 대답했다.

"다시는 돌아오지 못할 것이오."

대원들은 도무지 영문을 모르겠다는 듯 고개를 갸우뚱했다. 안중근 자신도 왜 그런 마음이 들었는지 이유를 알 수 없었다.

(거사를 위한 준비)

며칠 후 안중근이 블라디보스토크에 도착했을 때, 그곳 애국지사들 사이에서는 이상한 소문이 떠돌고 있었다.

"이토 히로부미가 다음 달에 하얼빈을 방문한다는군."

"그 얘긴 들었어. 헌데 그자가 거긴 왜 간다는 거야?"

"그거야 모르지. 관광을 하러 중국 여러 지역을 방문한다는 말도 있고."

안중근은 이야기를 듣고 귀가 솔깃해졌다.

'이토가 하얼빈을 방문해? 내가 이곳으로 오고 싶었던 게 그 때문일까?'

안중근은 가슴이 뛰었다. 하지만 떠도는 이야기를 곧이곧대로 믿을 수는 없었다. 그는 곧 블라디보스토크에서 발행되는 여러 신문들을 구해 기사를 살펴보았다. 과연 이토 히로부미가 10월 중순쯤 하얼빈을 방문할 것이라는 기사가 실려 있었다. 결코 헛소문이 아니었다.

안중근은 주먹을 불끈 쥐었다.

'그렇게 원하던 일을 이제 이룰 수 있겠어! 늙은 도둑 이토를 내 손으로 끝내는 거야.'

당시 안중근이 원하던 일이란 장인환, 전명운 의사가 미국에서 스티븐스를 사살한 것과 같은 일을 의미했다. 그 소식을 듣고 안중근은 독립군 부대가 일본군을 공격해 승리하는 것도 중요하지만 일본의 권력을 상징하는 핵심 인물을 사살하는 게 훨씬 효과가 클 것으로 판단했다. 그런데 우연한 기회에 이토 히로부미가 하얼빈으로 온다는 소식을 들었으니 하늘이 내린 기회라고 여겼다.

그날부터 안중근은 하얼빈으로 가는 데 필요한 경비를 마련하기 위해 여러 사람을 찾아다녔다. 하지만 자금을 구하는 일은 쉽지 않았다.

그는 하는 수 없이 전에 두어 번 만난 적이 있던 이석산을 찾아갔다. 이석산은 황해도 의병장을 지낸 사람으로 블라디보스토크에서 살고 있었다. 안중근은 부자인 이석산에게 사정을 말하고 돈을 부탁했다. 하지만 이석산은 고개를 저었다.

"내가 개인적으로 써야 할 돈이라면 이렇게 사정하진 않았을 거요. 부탁하오. 우리 조국과 동포를 위해 한 번만 양해를 해 주시오."

안중근이 거듭 사정하자 이석산은 비로소 안중근에게 100원을 내밀었다. 거사를 위해 필요한 돈을 구한 안중근은 곧 우덕순을 찾아갔다. 우덕순은 한 해 전인 1908년, 안중근과 함께 일본군과 맞서 독립 투쟁을 벌인 적이 있었다. 그때 우덕순은 체포되어 함흥 감옥에 갇혔으나 탈출하여 《대동공보》라는 신문사에서 일하고 있었다. 우덕순은 안중근의 믿음직한 동지였다.

안중근은 우덕순을 만나 자신의 계획을 털어놓았다. 그가 하얼빈 의거 계획을 다른 사람에게 털어놓은 것은 우덕순이 처음이었다.
"어떻소? 이 일에 나와 함께 나설 수 있겠소?"
안중근이 우덕순에게 물었다.
"물론이오. 우리 민족의 철천지원수를 처단하는 일에 참여할 수 있다니 기쁘오. 반드시 이번 거사를 성공시킵시다."
두 사람은 서로 손을 맞잡았다.

"이토가 하얼빈으로 간다고 하니 우리도 하루빨리 그곳으로 가 자세한 정보를 알아봅시다."

1909년 10월 21일 아침, 두 사람은 하얼빈으로 떠나는 열차에 몸을 실었다. 그때 이강, 양성춘 등의 애국지사들이 배웅했으며 《대동공보》의 유진율 사장은 함께 열차에 타고 쑤이펀허까지 갔다. 쑤이펀허는 블라디보스토크와 하얼빈의 중간 쯤이었다.

"이번 거사를 반드시 성공시키길 바라오. 우리도 이곳에서 지원을 아끼지 않겠소."

같은 날 밤, 러시아와 중국 국경인 쑤이펀허에서 열차가 멈추자 유진율 사장은 열차에서 내렸다. 블라디보스토크로 돌아가기 위해서였다.

"안 동지, 우 동지! 거사를 반드시 성공시켜 주시오."

유진율 사장이 작별의 악수를 나누며 두 사람에게 당부했다.

얼마 뒤 안중근은 쑤이펀허에 살고 있는 유동하라는 젊은이를 데리고 하얼빈으로 가는 열차에 올랐다. 유동하는 그곳에서 한약방을 운영하는 유경집의 아들로 러시아 어를 매우 잘했다. 안중근은 러시아 인들이 많이 살고 있는 하얼빈에서 통역을 부탁하기 위해 유동하를 데려갔던 것이다.

그때 유동하의 나이는 열여덟 살로 결혼을 해 가정을 이루고 있었다. 그래서 안중근은 앞길이 창창한 유동하를 보호하기 위해 하얼빈 의거에 대해선 입을 열지 않았다. 자신이 하얼빈으로 가는 것은 가족들을 만나기 위해서라고 둘러댔다.

안중근 일행을 태운 열차는 블라디보스토크를 출발한 지 24시간 만에야 마침내 하얼빈 역에 도착했다.

"여기서 멀지 않은 곳에 제 친척이 살고 있습니다. 그곳을 숙소로 정하는 게 어떻습니까?"

유동하가 제안하자 안중근은 고개를 끄덕였다.

"그것 잘 됐군. 그 친척은 어떤 분인가?"

"김성백이라는 분으로 대한국민회 하얼빈 지회장을 맡고 있습니다."

안중근은 유동하의 말에 안도의 한숨을 내쉬었다. 유동하의 아버지도 한약방을 운영하며 독립지사들을 돕고 있었는데 친척인 김성백도 같은 일을 하고 있었던 것이다.

"대한국민회라면 도산 안창호 선생이 미국에서 만든 항일 독립 운동 단체가 아닌가?"

안중근은 자신보다 한 살 위인 안창호가 미국에 사는 동포들을 위해, 조국의 독립 운동을 위해 많은 활동을 펼치고 있다는 소식을 듣고 존경심을 가지고 있었다.

"그렇습니다."

"훌륭한 친척을 두었군. 어서 가세."

얼마 뒤 일행은 김성백의 집에 도착해 짐을 풀었다. 당시 하얼빈에는 중국인, 러시아 인, 유럽 인, 일본인 등 각국 사람들 4만 명 정도가 살고 있었고 그중 한국인은 270명 정도였다. 김성백의 집은 일거리를 찾아 하얼빈에 도착한 한국인들이 머물거나 일자리를 소개받는 곳으로 이용되고는 했다.

안중근 일행은 다음 날 낮, 하얼빈 공원을 산책했다. 김성백의 집과 가까운 하얼빈 공원은 주변 경치가 매우 아름다운 곳이었다. 안중근은 자신의 짧은 생애에서 마지막이 될지도 모를 한가로운 시간을 보냈다. 늦가을 바람에 이리저리 흩어지는 낙엽을 바라보면서 그는 거사를 성공시킬 방법을 생각하고 있었다. 훗날 그는 '내 유해는 하얼빈 공원에 묻었다가 조국이 독립되면 옮겨 달라'는 유언을 남기기도 했다. 그만큼 하얼빈 공원은 그에게 아름다운 추억을 남겨 주었다.

　늦가을의 따사로운 햇살을 받으며 공원을 산책한 안중근 일행은 하얼빈 시내의 사진관으로 가 기념사진을 찍었다. 그런 다음 이발도 하고 새 옷도 한 벌 샀다. 저녁 무렵에는 러시아에 살며 동포들에게 통역을 해 주는 조도선을 만났다. 안중근은 어린 유동하를 쑤이펀 허로 돌려보내고 조도선에게 통역을 부탁하려고 했다.

　"조 선생, 부탁이 있어 찾아왔습니다."
　"무슨 부탁이신지요?"
　"며칠 후 하얼빈으로 가족들이 오기로 했습니다. 그래서 그동안 함께 다니면서 길 안내 겸 통역 좀 해 주셨으면 하는데……."
　"그런 거야 문제없지요."

조도선은 흔쾌히 승낙했다.

그날 밤 안중근은 유동하를 심부름 보낸 뒤 조도선에게 하얼빈을 방문한 진짜 이유를 밝혔다. 그리고 한마디 덧붙였다.

"아직 유동하 군에게는 이 계획을 알리지 않았으니 비밀을 지켜 주십시오."

"그런 일이 있었군요. 저도 기꺼이 돕겠습니다."

"고맙습니다. 이번 일을 반드시 성공시켜 우리 동포들에게 용기를 북돋아 줍시다."

안중근이 조도선의 손을 맞잡으며 고마운 뜻을 전했다.

이날 안중근, 우덕순, 조도선은 저마다 나라 사랑하는 마음을 담아 시를 썼다. 그때만 해도 유동하는 안중근의 의거 계획을 까맣게 모르고 있었다.

한편 러시아에서는 1909년 10월 초, 니콜라이 황제가 재무장관인 코코프체프에게 블라디보스토크와 하얼빈을 두루 돌아보고 중국과 일본의 정세도 살펴보라고 지시했다. 코코프체프는 출장 준비를 서둘렀는데, 이 소식은 곧 일본 정부에도 알려졌다. 그러자 일본 천황은 이토 히로부미를 하얼빈으로 보내 코코프체프와 만나도록 했다.

러시아 대표와 국제회의를 갖기 위해서였지만 일본 정부는 "이토 히로부미가 만주의 가을 풍경을 감상하고 여행을 하기 위해 중국으로 떠난다."고 언론에 발표했다. 이 기사를 블라디보스토크에 갔던 안중근이 우연히 읽게 된 것이었다. 그러니까 안중근은 하얼빈에 도착한 뒤에도 이토 히로부미가 러시아 재무장관과 회의를 열기로 한 사실은 모르고 있었다.

안중근은 하얼빈 의거를 성공시키기 위해 우덕순, 조도선 등의 도움을 받으며 치밀한 계획을 세워 나갔다.

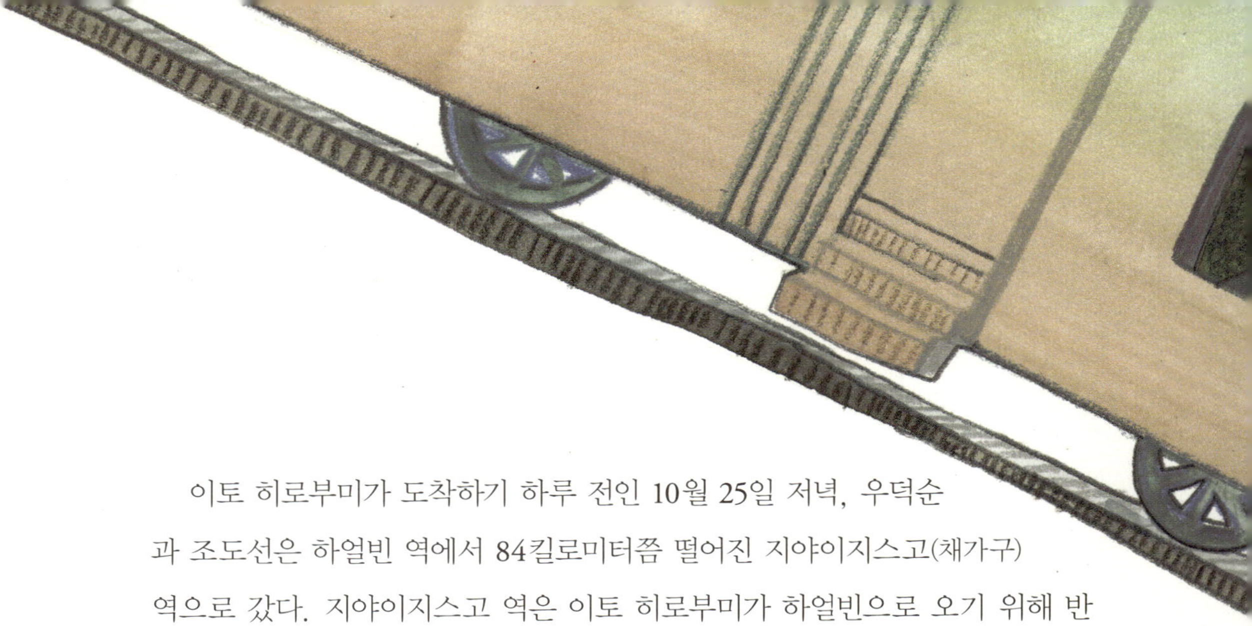

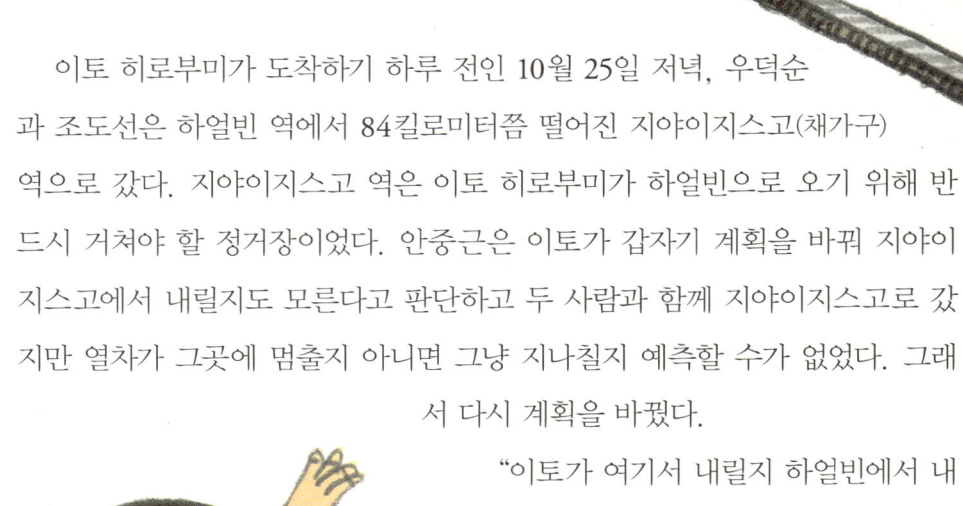

이토 히로부미가 도착하기 하루 전인 10월 25일 저녁, 우덕순과 조도선은 하얼빈 역에서 84킬로미터쯤 떨어진 지야이지스고(채가구) 역으로 갔다. 지야이지스고 역은 이토 히로부미가 하얼빈으로 오기 위해 반드시 거쳐야 할 정거장이었다. 안중근은 이토가 갑자기 계획을 바꿔 지야이지스고에서 내릴지도 모른다고 판단하고 두 사람과 함께 지야이지스고로 갔지만 열차가 그곳에 멈출지 아니면 그냥 지나칠지 예측할 수가 없었다. 그래서 다시 계획을 바꿨다.

"이토가 여기서 내릴지 하얼빈에서 내릴지 종잡을 수가 없군요. 그래서 우리도 작전을 바꿔야겠습니다. 전

하얼빈으로 돌아갈 테니 동지들은 이곳에서 대기해 주십시오. 만약 이토가 탄 열차가 이곳에서 멈춘다면 동지들이 그자를 사살하세요. 그렇지 않고 그 열차가 곧바로 하얼빈으로 간다면 그땐 내가 거사를 성공시키겠습니다."

두 사람도 고개를 끄덕였다. 잠시 뒤 안중근은 하얼빈으로 출발하는 열차에 올라탔다. 안중근을 배웅하던 우덕순과 조도선은 눈물을 흘렸다.

안중근도 더 이상 두 동지를 만나지 못하게 될지 모른다는 생각에 슬픔을 참을 수가 없었다. 하지만 거사를 반드시 성공시키겠노라 다짐하며 어금니를 깨물었다.

다시 하얼빈 김성백의 집으로 돌아온 안중근은 밤늦도록 잠을 이루지 못했다. 고향에 있는 가족들과 함께 독립 투쟁에 나섰던 동지들의 얼굴이 하나씩 떠올랐다. 특히 하얼빈 의거를 미리 알리지 않은 동의단지회 회원들에게는 미안한 마음뿐이었다. 하지만 그들이 일제 경찰에게 붙잡히는 것을 막기 위해선 알리지 않는 편이 나았다.

안중근이 밤새 뒤척이자 잠을 깬 유동하가 물었다.

"선생님, 안 주무셨어요? 무슨 일이 있으신 거죠?"

"무슨 일이 있겠나? 내일 가족들이 도착한다는 소식을 듣고 마음이 들떠서 그렇다네. 자, 어서 자게. 나도 이제 졸립군."

안중근이 둘러댔지만 유동하는 아무래도 믿지 못하겠다는 표정이었다. 안중근은 눈을 감고 억지로 잠을 청했다.

이튿날 새벽, 안중근이 먼저 자리에서 일어났다. 얼마 후 깨어난 유동하는 다시 물었다.

"선생님! 제게 숨기는 게 있죠?"

"숨기다니?"

"그러지 말고 사실대로 말씀해 주십시오."

유동하의 표정은 진지했다. 안중근은 그동안 유동하에게 거사 계획을 숨겨 왔던 게 미안했다. 하지만 나이가 어린 유동하까지 끌어들이고 싶지는 않았다.

"자네의 앞날을 위해 그랬던 거야. 날 원망하지 말게."

안중근이 대답했다.

"하지만 저도 어린애가 아닙니다. 이토 히로부미와 관련된 일이죠?"

유동하가 이토의 이름을 꺼내자 안중근은 자신도 모르게 주위를 둘러보았다.

"목소릴 낮추게."

안중근은 창문 밖과 출입문을 둘러본 다음 낮은 목소리로 짧게 사정을 털어놓았다.

"자네 추측이 맞아. 자네도 알다시피 이토는 오늘 아침 하얼빈 역에 도착할 예정인데 내가 그자를 없앨 것이네."

"네에?"

유동하는 벌어진 입을 다물지 못했다.

"앞으로 한두 시간이면 끝날 일이야. 그런데 자네도 알게 되었으니 나를 좀 더 도와주겠나?"

유동하는 비로소 정신을 차린 듯 고개를 끄덕였다.

두 사람은 바로 김성백의 집을 떠날 채비를 했다. 안중근은 양복을 입고 서랍에 숨겨 두었던 권총을 몰래 외투 안주머니에 넣었다.

같은 날 오전 7시가 조금 지나 하얼빈 역에 도착한 안중근은 러시아 군인들이 삼엄하게 경비를 서고 있는 모습을 지켜보았다. 10월 하순이었지만 하얼빈은 영하 10도나 되는 추운 날씨였다.

안중근은 하얼빈 역을 지키는 러시아 군인들을 보며 이토가 정해진 시간에 도착할 것으로 확신했다. 순간 그는 지야이지스고에 있는 두 동지들이 궁금해졌다. 이토의 열차가 새벽 6시쯤 그곳을 지난다고 했으니 그들의 거사는 성공하지 못한 게 분명했다. 그렇다면 그들은 붙잡힌 것일까? 지금 이 시간에 무얼 하고 있을까?

이토가 도착하려면 2시간이나 남아 있었다. 안중근은 추위를 피하기 위해 하얼빈 역 근처의 찻집으로 들어가 유동하에게 말했다.

"이번 거사는 나 혼자서 충분히 할 수 있네. 자넨 내가 승강장으로 들어가는 걸 도와준 뒤 바로 집으로 돌아가게."

"하지만 선생님, 저도……."

안중근은 유동하의 마음을 잘 알고 있었다. 그러나 유동하를 위험에 빠뜨릴 수는 없었다.

"자네 마음은 이해하지만 내 말을 따라 주게. 그리고 자네에겐 따로 할 일이 있어."

"그게 뭡니까?"

"내가 거사를 성공시켰다는 소식을 듣거든 이 편지를 부쳐 주게."

안중근은 블라디보스토크 대동공보사의 동지들에게 보내는 편지를 유동하에게 건넸다.

"알겠습니다. 저도 선생님의 거사가 반드시 성공하길 빌겠습니다."

"고맙네."

그들은 찻집에서 차를 석 잔이나 마시면서 시간을 보냈다. 시간이 흐를수록 역 앞은 여러 나라 관리들과 일본인들이 타고 온 마차로 북적거렸다.

8시 50분쯤, 안중근은 자리에서 일어나 역 구내로 향했다. 그땐 이미 많은 사람들이 승강장으로 들어간 뒤여서 길게 늘어서 있던 줄이 한결 줄어 있었다. 러시아 군인들은 역 안으로 들어가는 사람들을 일일이 검사하고 있었다. 드디어 안중근의 차례가 되었다.

"통행증을 보여 주시오."

▲ 하얼빈 역에 도착한 이토 히로부미

경비병이 안중근에게 말했다. 그때 안중근 옆에 서 있던 유동하가 재빨리 둘러댔다.

"이분은 일본인 신문기잡니다. 이토 히로부미 각하의 하얼빈 방문을 취재하러 오신 겁니다."

"그래도 통행증이 있어야 들어갈 수 있소."

러시아 군인이 완강하게 말하자 유동하도 질세라 당당하게 대꾸했다.

"급히 오셨기 때문에 통행증을 받지 못했소. 만약 당신들이 통행을 막는다면 대일본제국과 러시아 사이에 심각한 문제가 생길 수도 있다는 것을 아시오."

그제야 러시아 군인도 누그러졌다.

"좋소. 원칙적으로는 들어갈 수 없지만 일본인 기자라니까 편의를 보아주겠소."

안중근은 무사히 하얼빈 역 승강장으로 들어갈 수 있었다. 그때 유동하는 안중근의 뒷모습을 물끄러미 바라보다가 발길을 돌렸다. 일본어를 하지 못했던 안중근은 그에게 고맙다는 눈인사를 한 뒤 천천히 대합실을 지나 승강장으로 향했다.

어느 틈엔가 승강장에는 수많은 사람들이 모여 있었다. 한쪽에는 러시아 군악대와 의장대가 일사불란하게 자리를 지키고 있었고 약간 거리를 두고 하얼빈에 있던 각국 관리들을 비롯해, 이토를 환영하러 나온 일본인들이 줄지어 서 있었다.

　　안중근은 일본인들이 있는 곳으로 가 뒤쪽에 자리를 잡았다. 아무도 30대 초반의 동양인을 눈여겨보지 않았다.
　　이윽고 9시가 되자 멀리서 열차가 달려오는 모습이 눈에 들어왔다. 바로 이토가 타고 있던 특별 열차였다. 러시아 군악대는 요란하게 팡파르를 연주하기 시작했고 환영객들은 일제히 이토가 탄 특별 열차에 눈길을 던졌다. 이때까지만 해도 이토 히로부미가 안중근의 총에 목숨을 잃게 되리라고 예상한 환영객은 없었다.

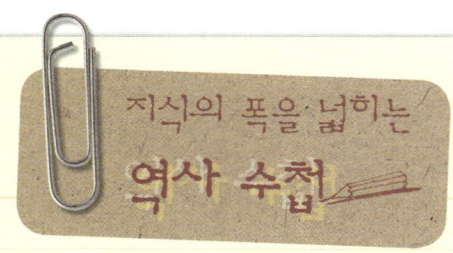

안중근의 발자취가 남은 하얼빈 공원

안중근이 의거를 일으키기 전 동지들과 마지막으로 거닐었던 하얼빈 공원은 오늘날 '자오린 공원'으로 불리고 있다.

이 공원은 본래 행정구역인 다오리구의 이름을 따 다오리 공원으로 불렸다. 그러다가 중국 항일 운동의 영웅으로 알려진 이조린 장군의 유해를 안장한 뒤 1946년부터 자오린 공원으로 이름이 바뀌었다.

자오린 공원은 하얼빈 최초의 근대식 공원으로, 1985년에는 화과산, 장미고개, 소남도, 유리온실 등의 정원이 동서남북 네 방향에 새로 만들어졌다. 또한 한가운데에 인공 호수와 독특한 모양의 다리 다섯 개가 놓여 안중근이 거닐었을 때와는 완전히 다른 모습으로 탈바꿈했다. 이 밖에 정향원, 영월원, 북원, 노천극장, 어린이 놀이터 등의 시설이 있다.

공원 한쪽에는 안중근 의사가 뤼순 감옥에서 쓴 붓글씨를 옮겨 새긴 '유묵비' 2개가 세워져 있어 그의 발자취를 느끼게 한다.

자오린 공원에서는 해마다 세계적인 축제 '빙등제'가 열린다.

▲ 자오린 공원에 있는 안중근 의사 유묵비

(굽힘 없는 옥중 투쟁)

이토 히로부미를 쓰러뜨리고 러시아 군인에게 붙잡힌 안중근은 곧 하얼빈 철도 경찰서로 넘겨졌다. 그때 러시아 경찰은 안중근에게서 브라우닝 권총과 실탄 1발, 러시아 돈 1루블을 빼앗았다. 안중근이 가지고 있던 돈은 그게 전부였다.

러시아 경찰이 안중근을 심문했다. 먼저 이름과 국적, 나이, 종교 등을 묻고 난 다음 하얼빈에는 언제, 어디에서 왔는지를 물었다.

"내가 이곳에 온 것은 어젯밤이며, 블라디보스토크에서 왔다."

"어젯밤에는 어디에서 잤는가?"

"3등 대합실에서 잤다."

"역 환영식장에는 어떻게 들어갔는가?"

"일본인들 틈에 끼어 있어 아무 검색도 받지 않고 들어갈 수 있었다."

"공범이나 배후는 누구인가?"

"모든 일은 내가 계획하고 나 혼자 한 것이다."

안중근은 그때부터 사형 선고를 받는 날까지 몇 가지 중요한 사실에 대해서는 비밀을 지키거나 거짓으로 증언해 검찰관을 혼란에 빠뜨렸다. 모두 동지들과 동포들을 보호하기 위해서였다.

"내가 저격한 이토 히로부미는 지금 어떤 상태인가?"

심문을 받던 안중근이 러시아 경찰에게 물었다.

"이토는 조금 전 사망했고, 나머지 세 명은 중상을 입었다."

그 말을 듣는 순간 안중근은 바닥에 무릎을 꿇고 앉아 성호를 그었다.

"천주님, 대한 제국의 도적 이토를 처단하게 해 주셔서 감사합니다."

안중근은 비로소 웃음을 지었다. 그것은 자신이 할 일을 이룬 사람만 지을 수 있는 웃음이었다.

그 시간, 러시아 철도 경비 책임자는 안중근의 공범이 있을 것으로 판단하고 수상한 한국인을 모조리 잡아들이라고 했다. 그 결과 지야이지스고에서 머뭇거리던 우덕순과 조도선이 체포되었다. 두 사람은 이전부터 러시아 헌병들의 감시를 받아 왔기 때문에 바로 붙잡히고 말았다.

"너희들도 안중근과 공범이지?"

러시아 경찰이 두 사람이 가지고 있던 권총을 빼앗은 뒤 물었다.

"우린 안중근이 누군지 모른다. 그 사람이 대체 무슨 일을 저질렀단 말인가?"

그들은 시치미를 떼며 물었다.

"안중근이 이토 히로부미를 저격한 것을 모르나?"

"그런가? 그래서 이토는 어찌 되었나?"

"이토는 사망했다."

러시아 경찰로부터 이 말을 듣고 두 사람은 자리에서 벌떡 일어서 만세를 불렀다.

"만세! 우리 안 동지가 마침내 의거를 성공시켰어. 대한 제국 만세! 안중근 만세!"

그때부터 두 사람은 러시아 경찰의 심문을 순순히 받아들였다. 얼마 지나지 않아 유동하는 물론 안중근이 하얼빈에서 만났던 사람들이 모두 공범으로 체포되었다.

그날 밤 9시 30분부터 2시간 동안 러시아 검사 세 명과 국제 판사, 일본 총영사관 스기노 서기 등이 참석한 가운데 예심 재판이 열렸다. 이 자리에는 코코프체프 러시아 재무장관, 동청 철도 경비 책임자, 지야이지스고에서 안중근 일행을 검문했던 헌병 하사도 증인으로 참석했다.

이때의 심문에서도 안중근은 철저히 비밀을 지켰으며 모든 책임을 혼자서 지겠다고 말했다. 훗날 코코프체프 재무장관은 자신의 회고록에서 안중근에 대해 다음과 같이 평가했다.

> 안중근은 이토 히로부미를 저격한 범인이지만 매우 좋은 인상을 주었다. 그는 젊고 미남형이며 체격이 날씬하고 훤칠한 키에 얼굴빛도 희어 일본인과는 전혀 닮지 않았다. 만약 일본 영사관에서 경비를 맡았다면 그가 일본인이 아니라는 것을 쉽게 알아보았을 것이다.

예심 재판이 끝난 뒤 러시아는 안중근을 비롯해 함께 체포된 한국인 9명과 심문 서류 등을 모두 일본 총영사관에 넘겨주었다. 국제법상으로는 러시아가 재판권을 가지고 있었지만 일본과의 마찰을 피하기 위해 그렇게 한 것이었다.

일본 총영사관으로 넘겨진 안중근은 총영사관 건물의 지하 감방에 갇혀 날마다 심문을 받았다. 일본은 러시아로부터 넘겨받은 한국인들뿐 아니라 안창호, 김구, 이갑, 이종호, 김명준을 비롯한 독립지사를 체포해 조사를 벌였다. 또 안중근의 고향집 마루 밑까지 뒤지는가 하면 정근과 공근 두 동생과 어머니까지 불러 심문했다. 이렇게 일주일 동안 기본 조사를 하여 사건의 흐름을 알게 되자 안중근을 뤼순 감옥으로 보냈다.

1909년 11월 1일, 안중근을 비롯해 우덕순과 조도선, 유동하 등 9명은 일본군의 철통같은 경계를 받으며 뤼순 감옥으로 향했다.

랴오둥 반도의 가장 남쪽에 있는 뤼순은 본래 러시아가 군사 항구로 개발해 지배하던 곳이었다. 그러다가 러일 전쟁에서 승리한 일본이 이곳을 지배하게 되었다. 뤼순은 이때부터 일본이 만주 지역을 점령하기 위한 지휘 본부로 쓰였다.

안중근이 갇혔던 뤼순 감옥은 한국과 중국의 수많은 정치범과 사상범 등이 갇힌 곳으로 감옥 건물과 행정 건물, 고문실, 빛이 전혀 들어오지 않는 암실 감옥 등이 있었다.

안중근은 다른 죄수들과 달리 독방에 갇혔다. 오늘날 안중근이 갇혔던 독방 앞에는 그를 소개하는 글이 한글, 중국어, 일본어로 자세히 적혀 있다. 뿐만 아니라 그가 남긴 휘호가 액자에 담겨 독방 한쪽 벽면에 걸려 있다. 안중근이 한국, 중국, 일본에 얼마나 큰 영향을 주었던 인물인지 잘 알게 하는 것이다.

안중근은 재판을 받기 전까지 모두 열한 차례나 심문을 받았다. 그는 뤼순 감옥에 갇혔을 때 고문을 당하거나 강압적으로 수사를 받지는 않았다. 오히려 일본은 다른 죄수에 비해 그에게는 여러 편의를 제공했다.

일주일에 한 번씩 목욕을 하게 해 주었으며, 매일 두 차례씩 감방에서 사무실까지 산책을 할 수 있도록 해 주었다. 또 서양의 고급 담배와 과자, 우유, 과일 등을 끊임없이 제공했다. 최고급 내복에다 면 이불도 네 채나 주었다. 안중근의 동생들이나 빌렘 신부에게도 며칠에 한 번씩 면회를 할 수 있게 해 주었다.

이처럼 편안하고 여유 있는 감옥 생활 덕분에 안중근은 감옥에서도 수많은 붓글씨와 편지, 자서전 등을 지을 수 있었다.

한국의 독립지사를 체포하면 죽을 만큼 고문을 하는 게 일본 형사들이었

▲ **뤼순 감옥** | 안중근이 하얼빈 의거를 일으킨 뒤 갇혔던 감옥.

다. 하물며 일본인들이 영웅으로 여기는 이토 히로부미를 저격한 범인이라면 악랄한 고문을 하는 게 당연했을지 모른다. 그런데 왜 안중근만은 그처럼 대우했던 것일까?

   당시 일본은 을사조약과 정미 7조약을 강제로 맺어 한국을 손아귀에 넣었다. 이제 한일 병합 조약만 마치면 한국을 식민지로 삼을 수 있었다. 하지만 한국을 일본의 완전한 식민지로 만들기 위해선 한국인의 반발을 억누를 뿐 아니라 국제 사회의 눈치도 살펴야 했다. 이토 히로부미가 러시아 재무장관을 만나려고 한 것도 다른 강대국으로부터 한국을 지배하는 것을 인정받기 위해서였다.

이처럼 국제 사회의 움직임을 살피면서 한일 병합의 기회를 엿보고 있던 일본은 이토 히로부미의 죽음이 매우 심각한 문제였다. 이토가 러시아의 재무장관을 만나던 그 자리에는 수많은 서양 외교관과 기자들이 있었다. 그래서 안중근의 의거 소식은 전 세계에 알려졌다. 안중근은 바로 그 점을 노렸다. 하얼빈 의거를 통해 한국의 억울함을 알리려고 했던 것이다.

'대한 제국은 일본의 강압에 못 이겨 을사조약과 정미 7조약을 맺었다. 이토는 대한 제국을 점령하려는 흉계를 가진 인물이다. 따라서 두 조약은 무효이며 일본이 한국을 병합해선 안 된다.'

이것이 안중근이 서양 각국에 알리려던 거사의 목적이었다.

그렇기에 일본은 안중근을 최대한 대우하면서 '이토 히로부미를 죽인 것은 개인적인 감정 때문이지 한일 병합과는 관계가 없다. 지금도 그 일을 후회한다'는 자백을 받아내려고 한 것이었다.

안중근은 이러한 일본의 계략에 결코 넘어가지 않았지만 뤼순 감옥 관계자들이 자신을 특별히 대우해 준 일을 고맙게 여겼다. 그래서 답례로 글씨를 써서 여러 일본인에게 선물했다.

일본 정부는 안중근의 마음을 돌리려 해도 아무런 소용이 없자 갑자기 태도를 바꿨다. 언제 특별 대우를 해 주었냐는 듯 안중근을 강압적으로 대하는가 하면 심문을 하면서도 모독을 서슴지 않았다. 안중근은 당당히 맞섰다.

"일본이 비록 백만 명의 군사와 천만 문의 대포를 가졌다 한들, 이 안응칠의 목숨 하나 죽이는 권세밖에 또 무슨 권세가 있을 것이냐. 사람이 세상에 나서 한 번 죽으면 그만인데 무슨 걱정이란 말인가. 나는 더 대답할 것이 없으니 너희들 마음대로 해라."

그는 끝까지 한국인으로서 이토를 저격한 것은 지극히 당연한 일이었다

며 조금도 잘못이 없다고 진술했다. 그러면서도 자신의 가족과 동지들을 보호하기 위해 일본 검찰관들을 헷갈리게 만들었다. 당시의 공판 기록을 자세히 살펴보면 안중근이 얼마나 지능적으로 일본 검찰관들을 괴롭혔는지 알 수 있다.

일본 검찰관은 다급했지만 그에 비해 안중근은 느긋했다. 그는 모든 책임을 혼자 질 것이며 죽음을 각오하고 있다고 수십 차례나 밝혔다. 일본의 흉계는 안중근에게 전혀 통하지 않았다.

(의롭고 아름다운 영웅)

안중근의 하얼빈 의거가 끝난 뒤 중국의 혁명가이며 사상가로 이름이 높은 장타이옌(장태염)은 당시를 이렇게 기록했다.

1909년 가을, 괴수 이토 히로부미가 랴오둥 반도를 지나갔다. 그때 청나라 총독과 관리들은 모두 개미떼처럼 몰려나와 길가에 엎드린 채 황제를 배알하듯 절을 하였다. ……관리들이 이토를 영접하느라 아우성치니 그 소리는 마치 돼지 멱따는 것 같았고 들소가 울부짖는 듯하였다. 이때 안 의사(안중근)가 나서서 쏜 총알은 이토를 명중시켰고 이토는 미친 야수처럼 거꾸러져 그 자리에서 죽었다. 안 의사는 곧 체포되었지만 쓸데없는 말이란 한 마디도 없었고 오히려 그 기백이 의젓하여 천하에 알려지니 지사들은 더욱 감동하고 격분하였다.

이 기록처럼 당시 중국인들은 '자신들이 하고 싶었으나 차마 용기가 없어 하지 못한' 하얼빈 의거를 매우 기뻐했고 높이 찬양했다. 수많은 신문과 잡지에서 안중근의 발자취를 수십 차례에 걸쳐 소개하는가 하면 시를 지어 그의 높은 뜻을 기렸다. 중국의 국부로 존경받고 있는 쑨원(손문)을 비롯해 저명한 계몽 사상가이자 문학가인 량치차오(양계초) 등 수많은 중국 지도자들이 안중근을 찬양하는 시를 지었다. 쑨원이 쓴 안중근 찬양시는 다음과 같다.

공은 삼한을 덮고 이름은 만국에 떨치나니
백세의 삶은 아니나 죽어서 천추에 드리우리
약한 나라 죄인이요 강한 나라 재상이라
그래도 처지를 바꿔놓으니 이토도 죄인 되리

이 밖에도 중국의 여러 지식인들은 안중근의 생애를 그린 위인전과 소설, 하얼빈 의거를 주제로 다룬 연극 등을 수없이 펴내고 공연해 그의 위대한 뜻을 기렸다.
이처럼 중국인들이 안중근의 하얼빈 의거에 열광한 것은 자신들이 이루지 못한 일을 안중근이 대신 해냈다는 놀라움과 함께 그의 뜻을 중국에서도 본받자는 열망이 있었기 때문이다.

당시 중국은 서양과 일본에 시달리고 있었다. 중국은 일찍이 영국, 프랑스 등과 전쟁을 벌였으나 크게 패해 강제로 개항을 당한 데다 청일 전쟁에서도 졌다. 수백 년 동안 자기 나라를 받들어 왔던 조선도 일본에게 빼앗겼으며, 만주 벌판을 두고는 러시아와 일본군이 들어와 으르렁거리고 있었다. 한국인과 마찬가지로 중국인에게도 이토 히로부미는 침략의 원흉이었다. 그런 원수를 안중근이 대신 처단해 주었으니 기뻐한 것은 당연했다.

하지만 일본은 정치 영웅을 죽인 안중근을 '암살자'라고 비난했다. 암살이란 아무도 모르게 상대를 죽이는 것을 뜻하는데 안중근의 하얼빈 의거와는 전혀 맞지 않는 표현이었다. 각국에서 온 수백 명이 지켜보는 가운데 떳떳하게 의거를 일으키고 '대한 제국 만세'를 부른 사람이 어찌 암살자인가?

게다가 안중근은 개인의 감정으로 이토를 사살한 게 아니라 한국 독립군 참모중장의 자격으로 적장을 사살한 것이라고 여러 차례 밝혔다. 그럼에도 일본 정부에서는 안중근의 의거를 '총을 잘 쏘고 다혈질인 어느 한국인이 울분을 참지 못해 순간적으로 저지른 범죄'로 만들고 싶어했다.

하지만 하얼빈과 뤼순 형무소 등에서 안중근을 가까이에서 지켜보았던 사람들은 정반대의 생각이었다. 심지어 하얼빈 의거 때 안중근에게 실탄을 맞고 부상당했던 남만주 철도 소장 다나카조차 안중근을 존경한다고 털어놓았다.

하루는 한 후배가 다나카에게 질문을 했다.

"선배님은 세계적으로 훌륭한 인물을 많이 만나신 것으로 알고 있습니다. 그중 가장 훌륭한 사람은 누구라고 생각하십니까?"

"두말할 필요 없이 안중근이다."

"선배님은 전부터 안중근을 잘 알고 있었습니까?"

"안중근은 하얼빈 의거 때 처음 보았다. 내가 사람을 평가하는 데는 1분이면 충분하다. 나는 현장에서 10분 이상 그를 관찰했기 때문에 그의 됨됨이를 잘 알게 되었다. 나는 안중근이 총을 쏜 뒤, 서 있는 모습을 보고 순간 그가 신과 같다는 느낌을 받았다. 그는 태연하고 남자답고 늠름했다."

그런가 하면 나중에 안중근에게 사형 선고를 내린 뤼순 고등 법원장 히라이시는 이렇게 말했다.

"안중근은 대단히 훌륭한 사람이다. 남자로서 그런 사람은 처음 보았다. 그는 죄수로서 모범적이었다기보다는 한 인간으로서 훌륭했다."

또 안중근의 호송을 책임졌던 지바 도시치라는 헌병은 "나는 일본의 발전에 크게 이바지한 이토 히로부미를 죽인 안중근을 미워해야 할 입장이다. 하지만 그와 가깝게, 자주 만나는 동안 그분을 존경하게 되었다."라고 했다. 지바 도시치는 안중근에게 '위국헌신 군인본분(爲國獻身軍人本分)'이라는 글씨를 선물로 받았다. 나중에 일본으로 돌아간 그는 그 글씨와 안중근의 사진을 자기 집 별당에 모셔 놓고 자신이 죽는 날까지 명복을 빌었다고 한다.

그 후, 지바 도시치의 뜻은 오늘날까지 이어져 해마다 안중근의 생일인 9월 5일이 되면 다이린지(대림사)라는 절에서 일본인 수백 명이 참석한 가운데 안중근 추모 법회가 열리고 있다. 이 절에서는 안중근 숭모회까지 조직하여 일반인들에게 안중근의 사상과 생애를 널리 알리고 있다.

뤼순 형무소의 소장을 지냈던 구리하라도 안중근을 마음 깊이 존경했다. 그의 딸인 이마이는 "나는 아버지가 개인적으로 안중근 의사를 존경하고 있다는 걸 알았다. 그래서 전쟁이 끝나고 귀국해서는 남편의 동의를 받아 집에

제단을 만들고 매일 아침저녁으로 공양을 드렸다."라고 말했다.

또 일본의 지식인들 중에는 안중근의 사상을 본격적으로 연구하는 모임도 많다. 이들 모임에는 변호사와 작가, 대학 교수, 언론인 등이 참여하여 여러 자료를 수집하고 정리해 서너 권의 책을 펴내기도 했다.

그렇다면 당시 한국인들은 안중근에 대해 어떻게 생각했을까?

가장 큰 용기와 힘을 얻은 사람들은 러시아나 중국, 미국 등으로 망명하여 독립 운동을 펼치던 애국지사들이었다. 안중근이 뤼순 형무소에 갇혀 있을 때만 해도 미국과 하와이 등에서 살던 동포들은 대대적으로 모금 운동을 벌였다. 안중근의 변호사 비용을 마련하기 위해서였다. 하얼빈 의거가 일어난 지 2개월 만에 시작된 이 모금 운동에서 걷힌 돈은 약 3천 달러였으며, 모두 1천 6백 명이 참여했다. 3천 달러는 오늘날의 가치로 환산하면 약 6만 달러(약 7천만 원)가 넘는 큰 돈이었다.

더욱 놀라운 일은 모금 운동에 참여한 교포들 대부분이 사탕수수밭 등에서 고된 노동을 하던 사람이었다는 점이다. 그들은 얼마 뒤 안중근의 일대기를 담은 《대동위인 안중근전》이라는 책을 펴내기도 했다. 그들에게 하얼빈 의거가 얼마나 큰 힘을 주었는지 짐작할 수 있다.

이 밖에 민족사학자이며 독립운동가로 유명한 박은식은 1914년, 《안중근전》을 지어 안중근을 널리 알리는 데 크게 이바지했다. 뿐만 아니라 뜻있는 학자와 문인들이 펴낸 안중근 전기도 여러 종류가 있었다. 이처럼 당시 일본에게 당하기만 하던 한국 국민들의 기쁨은 더할 나위가 없었다. 하지만 안중근의 뜻과 발자취를 신문에서는 제대로 알릴 수가 없었다. 일제의 감시와 검열 때문이었다.

거꾸로 이토 히로부미의 죽음을 슬퍼하던 한국인들도 있었다. 순종 황제는 죽은 이토 히로부미에게 온갖 찬사를 다 쏟아부으면서 '문충공'이라는 높은 시호를 내렸다. 그것은 우리 민족의 자존심을 크게 상하게 만든 일이었다. 사실 순종은 황제이긴 했지만 이토의 허수아비나 다름이 없었고 이토를 스승으로 여겼다.

또 매국노 이완용은 '이토 공께서 흉악범의 총탄에 쓰러지셨다'며 며칠 동안 통곡했으며 여러 친일파 대신들과 함께 이토의 장례식에 참석해 눈물을 흘렸다. 그런가 하면 장례식이 끝날 때까지 온 국민에게 음주가무를 중지하라는 명령을 내렸고 이토를 추모하기 위해 그의 이름을 딴 '박문사'라는 절을 장충단 공원 한쪽에 세우기도 했다. 당시 대한 제국에는 이런 매국노들이 여러 명 있었다.

시호 | 나라에 공을 세운 신하가 죽었을 때 그 공덕을 기리는 뜻으로 임금이 내리는 이름.

1910년 2월 7일부터 안중근에 대한 재판이 열렸다. 이 재판은 재판장과 검찰관, 통역관, 서기, 변호사 등을 모두 일본인이 맡아 진행했다. 재판이 있기 전 안중근의 어머니와 독립지사들은 한국의 안병찬 변호사, 상하이에 있던 영국인 제니 더글러스 변호사, 다롄에 있던 러시아의 미하이로프 변호사 등에게 변론을 맡기겠다고 법원에 신청했다. 일본 법원은 이런 신청을 모두 거절하고 대신 일본인 변호사 두 명을 붙였다. 이 일본인 변호사들은 안중근에게 전혀 도움을 주지 못했다.

▲ **이완용** | 을사조약 체결을 적극 추진한 공으로 이토 내각의 총리대신이 되었다. 1907년 헤이그 밀사 사건이 일어났을 때 고종을 위협해 물러나게 하는 데 앞장섰다. 이후 1910년 한일병합 조약을 맺는 데도 앞장선 대표적인 친일파이다.

재판장이 물었다.

"피고는 왜 범행을 계획했나?"

"나는 일본 재판소에서 재판받을 의무가 없다. 나는 한국의 독립군 참모중장으로 독립 전쟁을 하던 중 이토를 사살한 것이다. 따라서 나는 형사범이 아니라 전쟁 포로다."

언제나 그랬던 것처럼 안중근은 6일 동안 계속된 재판에서 당당하게 말했다.

"피고는 범행 후 자살을 기도했는가?"

"내가 거사를 일으킨 것은 한국의 독립과 동양의 평화를 지키는 데 목적이 있다. 이토를 저격한 것은 그런 목적을 이루기 위한 과정일 뿐인데 아직 한국의 독립을 이루지 못했기에 이토 하나 죽이고 자살한다는 것은 생각도

▲ **유언하는 안중근** | 안중근이 뤼순 감옥으로 면회 온 동생 정근과 공근을 만나 유언을 전하고 있다.

하지 않았다."

"피고는 일본이 한국을 병합하려 한다고 말하지만 전 세계가 감시하고 있는 한 그 일이 불가능하다는 것을 아는가?"

"나는 일본이 한국을 병합하려는 이유를 알고, 세계 강대국이 그것을 말리지 않는 이유도 다 알고 있다. …… 한국의 흥망은 한국인의 생각에 달려 있다. 한국은 수천 년 전부터 오늘날까지 계속 발전하고 있다. 그러나 지금 독립하지 못하는 것은 정치가들의 잘못 때문이지 국민들의 책임은 아니다."

이처럼 안중근은 당시의 국제 관계나 나라 사정을 정확하게 알고 있었다.

1910년 2월 14일 일본 법원은 안중근에게 사형 선고를 내렸다.

"피고 안중근을 사형에 처한다. 피고 우덕순을 징역 3년에 처한다. 피고 조도선과 유동하를 각각 징역 1년 6월에 처한다."

재판장이 사형 선고를 내리고 그 이유를 길게 설명한 뒤였다. 안중근이 의연한 모습으로 재판장에게 물었다.

"일본에는 사형 이상의 형벌은 없는가?"

사형 따위는 조금도 두렵지 않다는 뜻이었다. 안중근이 그런 마음을 가지게 된 것은 그의 굳은 의지와 어머니 조 마리아 여사의 가르침 때문이었다.

사형 선고를 받은 날 오후 동생들이 찾아와 안중근에게 어머니의 말씀을 전했다.

"네가 나라를 위해 지금과 같은 처지가 되었으니 목숨을 구걸하지 않고 죽는 것이 오히려 영광이다. 정의로운 일을 해서 받는 형이므로 결코 비굴한 행동을 해서는 안 된다. 큰 뜻을 따라 순국하는 것이 이 어미에 대한 효행이라고 생각해 다오."

이런 어머니가 있었기에 안중근과 같은 영웅이 태어난 것인지도 모른다.

안중근은 이때부터 끝내 미완성으로 남게 된 '동양 평화론'을 쓰기 시작했다. 그는 고등법원에 상고를 하는 대신 글을 완성할 때까지 사형 집행을 늦춰 달라고 부탁했다. 뤼순의 고등 법원장은 기꺼이 부탁을 들어주었다.

하지만 그들은 약속을 어기고 1910년 3월 26일, 뤼순 형무소의 사형장으로 안중근을 끌고 갔다. 이 때문에 안중근의 '동양 평화론'은 머리말과 앞부분, 그리고 나머지 내용의 제목만 남게 되었다. '동양 평화론'은 비록 완성되지 못했지만 동아시아의 세 나라가 힘을 모아 서양 강국의 침략을 막아내고 동양의 평화를 이룩하자는 내용이 담겨 있다. 이런 점에서 볼 때 안중근은 일본인이라고 무조건 미워하거나 적으로 여긴 게 아니었다. 그가 독립군 시절, 일본인 포로들을 풀어 준 것에서도 그의 한결같은 생각을 엿볼 수 있다.

3월 26일 오전 10시, 뤼순 형무소장과 검찰관, 통역 및 사형 집행관 등 일본인만 참석한 가운데 안중근은 교수대 위로 올라갔다.

"유언은 없는가?"

형무소장이 물었다.

"대한 제국 동포들에게 전할 말이 있다. 잘 기록하여 전해 주기 바란다."

통역과 서기가 준비를 마치자 안중근이 담담하게 입을 열었다.

"나는 한국의 독립을 회복하고 동양 평화를 유지하기 위하여 3년 동안 해외에서 모진 고생을 하다가 끝내 그 목적을 이루지 못하고 이곳에서 죽습니다. 우리들 2천만 형제자매는 각각 스스로 분발하여 학문에 힘쓰고 실업을 진흥하며, 나의 끼친 뜻을 이어 자유 독립을 회복하면 여한이 없겠습니다."

이 말을 끝으로 안중근은 세상을 떠났다. 이때 안중근은 어머니가 지어서 보내 준 흰색 한복을 입고 있었다. 그 한복은 하루 전인 3월 25일, 정근과 공근 두 아우에게 전해 받은 것이었다. 안중근은 마지막 면회 때 어머니와 부인 등에게 쓴 6통의 편지를 전했다. 그 편지들을 살펴보면 조국의 독립을 위해 만주와 러시아 대륙을 누비고 다녔던 대장부 안중근의 마음 씀씀이를 느낄 수 있다.

이처럼 안중근은 의롭고 따뜻하며 아름다운 사람이었고 신앙이 깊은 천주교인이었다.

안중근 아우들에게 다음과 같은 유언을 남겼다.

▲ **사형장으로 가는 안중근** |뤼순 감옥에서 사형장으로 끌려가는 안중근 의사의 마지막 모습.

내가 죽으면 내 뼈를 하얼빈 공원에 묻어 두었다가 조국이 주권을 되찾거든 그때 조국으로 옮겨 다오. 나는 천국에 가서도 우리나라의 독립을 위해 힘쓸 것이다. 너희들은 돌아가서 동포들에게 국민의 의무를 다하며, 마음을 모으고 힘을 합하여 큰 뜻을 이루도록 전해 다오. 대한 독립의 소리가 천국에 들려오면 나는 춤추며 만세를 부를 것이다.

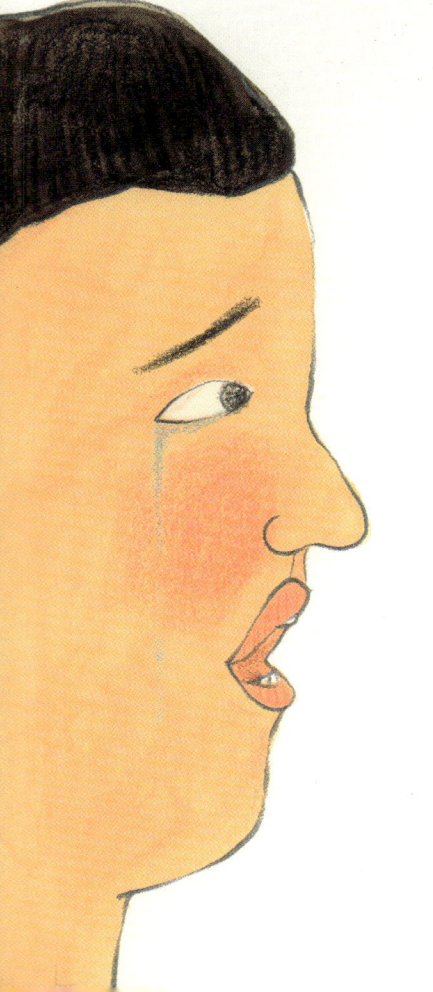

안중근이 순국한 뒤 정근과 공근 두 아우는 형님의 유해를 넘겨달라며 울부짖었다. 하지만 일본인들은 그런 요청을 무시하고 안중근이 사형당한 바로 그날 밤, 그의 유해를 뤼순 형무소 근처에 몰래 묻어 버렸다.

그가 순국한 지 100년이 지났지만 오늘날까지 안중근의 유언은 이뤄지지 않고 있다. 왜냐하면 유해가 묻힌 정확한 위치를 모르기 때문이다.

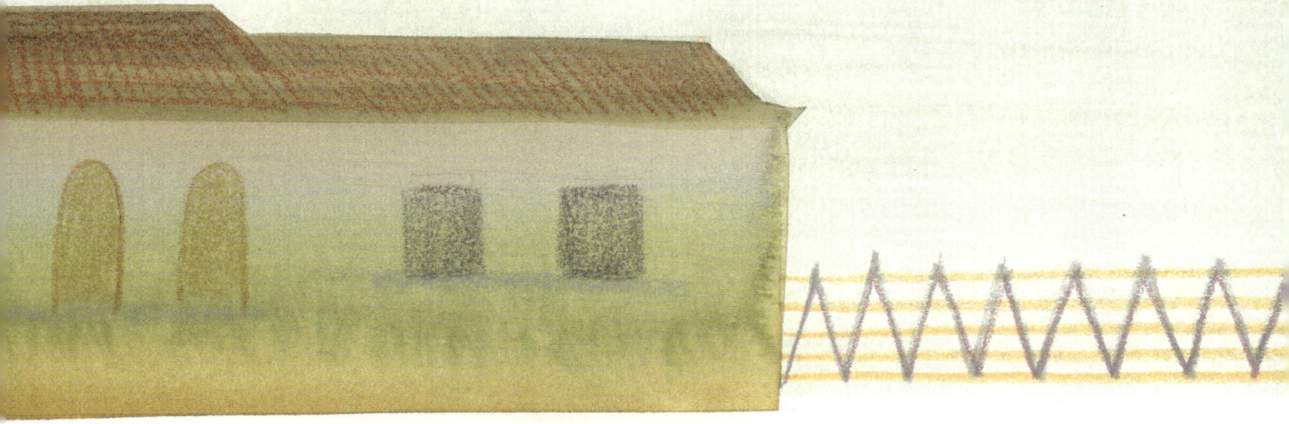

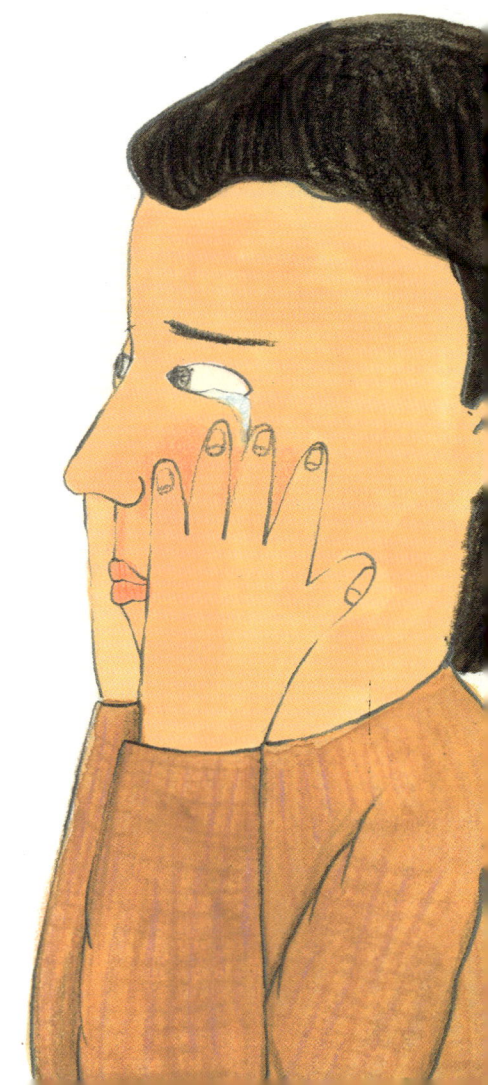

얼마 전부터 안중근의 유해를 찾아 조국 땅으로 모시려 한다는 소식이 전해지고 있다. 하지만 우리에게는 그보다 더욱 중요한 일이 있다. 안중근이 살았던 대한 제국 말기의 역사를 두 번 다시 되풀이해선 안 된다는 점이다. 그것이 안중근이라는 '대한국인'이 우리에게 남긴 또 하나의 유언일 것이다.

민족의 역사와 정신을 지킨 박은식

박은식(1859~1925)은 민족사학의 선구자로 손꼽히고 있다. 그는 일찍이 정약용 등의 저서를 읽으면서 실학사상을 배웠다. 한때 관리로 지내던 박은식은 《황성신문》의 주필로 있으면서 계몽 운동을 벌였다. 또 독립협회 회원이며 경학원, 한성사범학교 등에서 학생들을 가르치기도 했다.

1911년, 박은식은 일제의 탄압을 피해 만주로 망명했다. 그때부터 그는 우리 민족의 역사를 더욱 열심히 연구하여 독립운동에 힘썼다. 게다가 독립 운동 단체인 동제사를 만들었고, 상하이에 박달학원을 세워 한국인 학생들을 가르쳤다.

1914년에는 안중근의 발자취와 업적을 그린 《안중근전》을 썼으며 《한국 통사》를 펴냈다. 그는 3·1 운동이 일어난 뒤 임시 정부에서도 활동했다. 1925년 3월, 박은식은 임시 정부의 제2대 대통령으로 선출되었다. 정부는 그의 업적을 높이 기리기 위해 1962년 건국훈장 대통령장을 추서하였다.

▲ 박은식

(활발한 국민 계몽 운동)

안중근이 독립 투쟁을 벌이기 위해 러시아로 건너갈 무렵, 나라 안에서는 의병 활동과 함께 여러 계몽 운동이 일어났다.

1905년부터 지식인들은 일반 국민들을 대상으로 '국민 실력 양성 운동'을 펼치기 시작했다. 이 운동은 말 그대로 국민들의 실력을 키우는 것이 목적이었다. 그러기 위해서는 경제를 발달시키고 많은 사람들이 신식 교육을 받을 필요가 있었다.

지식인들이 앞장서서 국민 계몽 운동을 펼친 결과 서울과 각 지방에서는 여러 학회와 사립 학교가 하루가 다르게 늘어났다. 이들 사립 학교에서는 여러 가지 신식 학문을 가르쳤으며 특히 우리나라의 문화와 역사를 가르쳐 민족의식을 일깨워 주었다.

일제는 거의 모든 사립 학교가 독립운동가를 길러 내는 본거지라는 것을

계몽 |지식이 없는 사람이나 어린이들에게 새로운 생각과 지식을 일깨워 주는 것.

알아차렸다. 그래서 1908년 8월 '사립 학교령'을 내렸다.

"앞으로 학교를 세울 땐 반드시 학부대신의 인가를 받아야 하고, 학부에서 펴냈거나 학부의 검정을 받은 교과서만 써야 한다. 또 이미 만들어진 사립 학교들도 반드시 학부대신의 인가를 받아야 한다."

이 법에 따라 1909년 5월까지 1,800여 학교가 인가를 신청했는데 그중 337개 학교만 인가를 받았다. 그러니까 사립 학교령은 항일 정신을 가르치는 학교들을 없애려는 일제의 계략이었다.

일제는 사립 학교와 교과서만 탄압한 게 아니었다. 《황성신문》, 《제국신문》, 《대한매일신보》 등의 신문과 《소년》을 비롯한 여러 잡지들이 국민 계몽 운동을 이끌어 가자 '신문지법'을 만들어 온갖 간섭과 탄압을 일삼았다.

육당 최남선이 펴낸 《소년》은 그 무렵에 가장 손꼽히는 잡지였다. 최남선은 역사학자가 되기 위해 일본으로 유학을 갔다가 일본인들의 모욕을 참을 수 없다며 학교를 그만두었다. 그리고 한국으로 돌아와 1908년 11월, 우리나라 최초의 종합 잡지인 《소년》을 펴냈다. 그래서 1960년부터 시작된 '잡지의 날'은 《소년》이 창간되었던 11월 1일로 정해지기도 했다.

《소년》에는 근대의 문학 작품을 비롯해 자연과학 이야기, 북극 탐험기, 서양 황제들의 이야기, 미국의 독립 전쟁 이야기, 이솝 우화, 에디슨 전기 등 흥미 있는 기사들이 실렸다. 그런데 《소년》은 요즘의 어린이 잡지와는 성격이 달랐다. 당시 '소년'이란 말은 오늘날과는 달리 '젊은 사람들'이란 뜻으로 쓰였기 때문이다. 즉, '노년'이 '늙은 사람들'이라고 한다면 '소년'은 '젊은이, 청년'이라는 뜻이었다. 그래서 《소년》은 어른과 젊은이, 어린이들까지 모두 읽을 수 있는 잡지였다.

《소년》이 발행될 무렵 여러 지식인들은 잡지사나 출판사를 차려 문화 활

검정 교과서 내용을 심사하여 판정하는 일.

동을 펼쳐나갔다. 박은식, 신채호와 같은 선각자들은 일제의 침략을 비판하는 글을 신문에 자주 실었고, 《황성신문》 등에는 일본군과 맞서 싸운 의병 부대의 이야기가 실리고는 했다.

1906년 6월에는 천도교 손병희 교주가 중심이 되어 《만세보》라는 신문이 창간되었다. 이인직은 《만세보》의 주필로 활동했다. 이때 이인직은 우리나라 첫 번째 신문 연재소설인 《혈의 누》를 실어 큰 관심을 끌었다.

《혈의 누》 | '피눈물'이라는 뜻. 이인직이 1906년 《만세보》에 연재한 작품으로 우리나라의 첫 번째 신소설이다.

일제는 '신문지법'과 '출판법'을 만들어 언론의 자유를 빼앗고 언론인들을 탄압하기 시작했다. 이에 따라 독립 정신을 일깨우고 일제를 비판하던 《황성신문》, 《대한매일신보》, 《제국신문》 등은 1910년 8월부터 9월 사이에 모두 폐간되었다. 그러자 많은 지식인과 언론인들은 해외로 나가서 줄기차게 신문과 잡지, 책을 펴내 일제의 탄압에 맞섰다.

1913년 11월, 데라우치 총독은 일본 천황에게 다음과 같은 보고서를 올렸다.

> 특히 외국에 살고 있는 조선인 가운데 대한 제국 때의 관리나 지식인 등은 블라디보스토크와 간도, 미국 등 여러 곳으로 빠져나가 단체를 만들고 신문, 잡지를 발행하여 끊임없이 우리 일본의 정책을 흔들어 놓고 있습니다. 그들은 한국을 다시 일으켜 세우려고 조선에 남아 있는 무리들과 서로 소식을 주고받으며 일본을 배척하는 데 열을 올리고 있습니다.

이 같은 보고가 말해 주듯이 1908년부터 1912년 사이에 중국, 러시아, 미국으로 건너간 안창호, 신채호, 홍범도, 김구, 안중근, 김좌진 등 지식인과 독립지사들은 대개 무장 독립 투쟁을 준비하거나 신문, 잡지 등을 발행해 항일 정신을 일깨우는 데 앞장섰다.

그리고 교육과 언론, 출판 등으로 계몽 운동을 벌여나가는 한편, 정치·사회단체를 만들어 일제에 맞섰다. 그중 1906년 4월, 장지연을 중심으로 만들어진 '대한 자강회'를 손꼽을 수 있다. 자강(自强)이란 '스스로 강해진다'는 뜻이다. 대한 자강회는 불과 1년 4개월 만인 1907년 8월 일제로부터 '사회의 안녕과 질서를 어지럽힌다.'는 이유로 해산당했다.

그 후 대한 자강회에 참여했던 사람들은 '대한 협회'를 만들었다. 대한 협회는 정치, 교육, 산업을 크게 발달시켜 나라의 주권을 되찾아야 한다고 주장했다. 또《대한 협회보》를 펴내고 전국에서 연설회를 열었다. 그런데 대한 협회는 1908년 7월부터 일제가 한국을 지배하는 것이 당연하다고 주장하기 시작했다.

"우리 민족은 일본인들이 우리를 개나 말을 보듯 하는 태도에 화를 내어 일본을 물리치는 경우가 많다. 하지만 조선과 일본은 서로 친하게 지내야 한다. 그러므로 몇몇 사람들의 그릇된 행동만 보고 일본 모두를 멀리하는 일은 없어야 한다."

이러한 망언을 일삼던 대한 협회는 1909년 9월, 가장 악명 높은 친일단체인 일진회와 힘을 모으려고 했다. 뿐만 아니라 나중에는 일제가 한국을 병합하는 일에도 이용당했다.

갑자기 친일단체로 변한 대한 협회에 비해 안창호가 만든 신민회는 독립 투쟁에 큰 영향을 주었다.

안창호는 1878년 11월, 평양에서 태어났다. 열두 살이 되던 해 아버지를 잃고 여러 사람의 도움을 받아 신학문을 익히고 예수교 장로회의 교인이 되었다. 그는 독립 협회에 가입해 힘찬 웅변으로 이름을 날리기 시작했는데, 이때 우리 국민의 힘을 기르는 것이 독립의 밑바탕이라는 것을 뼈저리게 느꼈다. 그리고 도덕심과 지식이 높은 국민이 많아질수록 대한 제국은 큰 힘을 갖게 될 것이라고 믿었다. 마침내 안창호는 새로운 학문과 세계의 정세를 배우기 위해 미국으로 떠났다.

미국 샌프란시스코에 도착한 안창호는 한국 교포들이 살아가는 모습을 보며 무척 괴로워했다. 그 무렵 미국에 살던 한국 동포들은 대부분 힘든 일을

▲ **안창호** | 신민회, 청년 학우회, 흥사단을 조직하고 평양에 대성 학교를 세워 교육 사업에 앞장섰다.

하면서 어렵게 살고 있었다. 그러면서도 걸핏하면 동포들끼리 다투기 일쑤였다. 그곳에서 한국인들은 어디를 가나 옷차림이 지저분한 데다 함부로 떠드는 민족으로 소문이 나 있었다. 그래서 미국인들은 한국 사람들만 보면 얼굴을 찌푸렸다.

안창호는 이때 '우리 대한 제국 동포들이 저렇게 지낸다면 당당한 독립 국민이 될 자격이 없다. 그렇기 때문에 미국인들이 우리 민족을 미개인처럼 여기며 독립 국민의 자격이 없다고 보는 것이다.'라고 생각했다.

안창호는 자신의 공부보다 한국 동포들이 오랜 역사를 가진 문화 민족답게 살아가도록 돕기 위해 온 힘을 다했다. 그는 곧 뜻을 함께 하는 사람들과 동포들을 계몽시키는 일에 앞장섰다.

안창호는 동포들이 사는 집을 깨끗하게 가꾸는 일부터 시작했다. 집집마다 안팎을 청소하고 유리창에는 커튼을 만들어 달게 했다. 또 집 앞에 꽃밭도 가꿔 나가도록 했다.

안창호의 말과 행동을 비웃던 동포들도 생각이 바뀌기 시작했다. 몇 달 뒤 외국인들로부터 미개한 민족이라 손가락질받던 한국 교포들은 완전히 바뀌었다. 그들은 면도를 자주 했으며, 옷차림도 단정해졌다. 또 집에서 가족들과 이야기를 나눌 때에도 이웃 사람들에게 방해가 안 되도록 했으며 음식을 만들 때도 정성을 다했다.

이 운동이 교포들에게 널리 전해지면서 미국인들의 생각도 달라졌다. 한국인들은 차츰 깊은 신뢰를 받았고 일자리도 많이 얻었다. 살림살이도 훨씬 나아졌다.

이처럼 미국에서 한국인의 지위를 높이기 위해 애쓰던 안창호는 더 나아가 '공립협회'를 만들고 《공립신보》라는 신문도 발행하면서 더욱 널리 계몽운동을 펼쳤다. 공립협회는 차츰 규모가 커져 얼마 후에는 '대한인국민회'라는 커다란 단체가 되었다. 이 단체는 미국, 하와이, 멕시코 등에 살고 있는 동포들을 하나로 묶어 주는 역할을 했으며 항일 독립운동의 중심이 되었다.

▲ 김구 | '민족의 스승'으로 일컬어지는 가장 대표적인 독립운동가이며 정치 지도자였다. 대한민국 임시 정부를 이끌어 나갔으며 '한인애국단'을 조직해 이봉창, 윤봉길 의거를 지휘했다.

1905년, 미국에서 활약하던 안창호는 대한제국이 을사조약으로 위태롭게 되었다는 소식을 듣고 급히 귀국했다. 그는 수많은 강연을 통해 젊은이들에게 큰 감동을 주었으며 박은식, 김구 등 애국지사들과 뜻을 함께했다.

사람들은 안창호의 당당한 몸집과 웅장한 목소리, 감동적인 연설을 들으면서 큰 힘을 얻었다. 안창호의 연설이 있는 곳은 언제, 어느 곳이라도 인산인해를 이루었다. 안창호는 매일같이 연설회를 열어 나라의 독립을 위해 어떻게 해야 하는지를 일깨워 주었다. 그는 모든 국민이 한 마음으로 교육과 산업을 크게 발전시키자고 힘주어 말했다. 그렇게 실력을 쌓으면 언젠가는 우리 민족의 힘만으로 독립을 이룰 수 있다고 했다. 그리고 연설이 끝날 무렵에는

인산인해 | 산과 바다처럼 많은 사람들이 모인 모습.

청중들과 함께 "대한 독립 만세!"를 외치고는 했다.

안창호의 연설을 듣고 난 사람들은 저마다 그런 가르침을 실천하겠노라 다짐했다. 하지만 몇몇 사람들은 안창호의 생각을 못마땅하게 여겼다.

'나라가 바람 앞의 등불처럼 위태로운데 언제 힘을 길러 자주 독립을 한단 말인가?'

그들은 당장이라도 무력을 써서 정권을 잡아야 한다며 안창호가 그 일에 앞장서 줄 것을 부탁했다. 하지만 안창호는 고개를 저었다.

"우리가 아무런 준비도 없이 혁명을 일으킨다면 갑신정변 때나 독립협회의 운동처럼 실패하고 말 것입니다. 만약 그 시절에 내가 주장하는 것처럼 교육을 발전시키고 우리 경제를 키워 나갔더라면 10년, 20년이 지난 지금에는 우리 민족에게 큰 힘이 생겨 완전한 독립을 이뤘을 게 아니겠습니까?"

많은 사람들은 안창호의 주장이 옳다고 여겼다. 그래서 전국적으로 탄탄한 조직을 갖춘 '신민회'가 생겨났다. 신민(新民)이란 '국민을 새롭게 만든다.'는 뜻이다.

안창호는 신민회를 만들기에 앞서 첫째는 믿을 만한 사람, 둘째는 온 나라에서 고루 인물을 구하겠다는 원칙을 세웠다.

믿을 만한 사람을 구하려는 것은 신민회를 비밀 조직으로 만들기 위함이었고, 온 나라에서 고르게 인물을 구하려고 한 것은 지방색을 없애기 위해서였다.

지방색 | 어떤 지방의 자연이나 풍습 등에서 드러나는 특색.

신민회는 각 도(道)에 한 명씩 책임자가 있고 그 밑으로 군(郡) 책임자를 두어 서로 연락하도록 했다. 그러나 같은 고을에 사는 회원들끼리도 누가 회원인지 모르게 하여 비밀을 지켜 나갔다. 신민회 회원은 그의 가족과 친구들조차 그 사실을 모를 정도였다. 그렇기 때문에 신민회의 회원이 되려는 사람들은 매우 까다로운 절차를 거쳐야만 했다.

한편 신민회는 국왕 한 사람이 나라를 다스리는 '군주제'를 없애고 오늘날과 같은 '민주 공화국'을 만들고자 했다. 그리하여 국민이 나라의 주인이 되어야 한다고 주장했다. 신민회라는 단체의 이름에도 그런 뜻이 담겨 있었다. 당시에는 매우 앞선 생각이었다.

신민회는 비밀 결사 조직이지만 드러내 놓고 벌이는 사업도 있었다. 신민회가 펼친 사업에는 청년학우회, 도자기회사, 태극서관, 평양 대성 학교 등이 있다.

안창호는 신민회를 통해 교육과 산업을 발전시키며 국민 계몽 운동을 펼치려 했다. 그리고 만주 등에 무관 학교를 세워 독립 전쟁을 준비하려는 계획도 세웠다.

그런데 안중근의 하얼빈 의거로 안창호, 이동휘 등 신민회 간부들이 체포되어 독립군 기지를 세우려던 계획은 뒤로 미뤄졌다. 게다가 신민회원들이 블라디보스토크에서 모여 회의를 갖기로 했을 때는 일제가 한국을 병합했다는 서글픈 소식이 전해졌다.

평양 대성 학교는 독립운동가와 교사들을 길러내기 위해 만들어졌다. 대성학교에서는 매일 아침 조회 때마다 애국가를 부르게 했으며 모든 교과목에서 반드시 '애국'을 가르치도록 했다. 또 학생들에게 수영과 등산, 축구, 야구 등을 가르쳐 체력을 키웠으며 군대처럼 체력 단련과 군사 훈련, 전술도 가르쳤다.

대성 학교는 중학교 과정이었지만 실제 학교에 다녔던 학생들은 20~30대의 어른들이었다. 이들은 군사 훈련이나 체력 단련을 거뜬하게 받을 수 있는 나이였다.

대성 학교를 이끌고 있던 안창호는 안중근의 하얼빈 의거가 일어난 뒤 체포되어 심문을 받다가 12월에 풀려났다. 안창호는 이듬해인 1910년 4월, 중국으로 건너가 독립운동가 회의를 열고 상하이를 거쳐 블라디보스토크로 옮겼다. 일제의 탄압을 피해 망명을 한 것이었다.

안창호가 망명한 뒤인 1910년 12월, 조선 총독 데라우치는 압록강 철교를 시찰하기 위해 평안북도 신의주를 방문할 예정이었다. 일제는 데라우치를 안전하게 경호하기 위해 평안북도의 독립운동 단체를 모두 없앨 작정이었다. 그래서 평안북도 선천군에서 독립운동을 벌이고 있던 안명근을 체포했다. 일제는 안중근의 사촌 동생인 안명근이 데라우치를 암살하려는 계획을 세웠다고 누명을 씌웠다.

당시 안명근은 북간도로 건너가 독립군을 훈련시키려고 했다. 그래서 사람들을 찾아다니며 자금을 마련했는데 그중 한 사람이 일본 헌병대에 신고한 것이었다. 일제는 안명근을 체포해 70일 동안 고문하며 죄를 자백하라고 했다. 안명근은 군자금을 모으려고 했을 뿐 데라우치를 사살하려는 계획은 없었다. 그럼에도 일제가 누명을 씌우자 끝까지 저항했다.

"……나는 안중근 형님을 매우 존경한다. 그래서 죽는 날까지 형님의 뜻을 잇기로 했다."

안명근이 이렇게 대답하자 일본 경찰은 코웃음을 쳤다.

"가소로운 놈! 우리는 누가 네 놈의 배후인지 잘 알고 있다."

일본 경찰은 곧 한국의 독립운동가들을 모조리 잡아들였으며 특히 신민회원들이 안명근 사건을 계획한 것처럼 꾸몄다. 그래서 신민회원 600여 명이 한꺼번에 체포되었다. 그 후 일제는 신민회원들을 악랄하게 고문하여 그 중 105명을 기소하였다. 유죄 선고를 받은 신민회원 105명은 일제의 음모에 굴복하지 않고 끝까지 싸워 2심에서 99명이 무죄로 석방되고 윤치호, 이승훈

기소 | 검사가 법원에 재판을 제기하는 것.

등 여섯 명은 4년 징역형을 선고받았다. 이것을 두고 '105인 사건'이라고 부른다. 일제는 이 사건이 일어난 뒤 평양 대성 학교를 없앴다. 생긴 지 약 3년 만의 일이었다.

　대성 학교를 다니던 학생들은 졸업도 못한 채 쫓겨났다. 하지만 대성 학교에서 애국심을 배우고 군사 훈련을 받았던 그들은 이후 나라 안팎에서 독립 투쟁을 하는 데 앞장섰다.

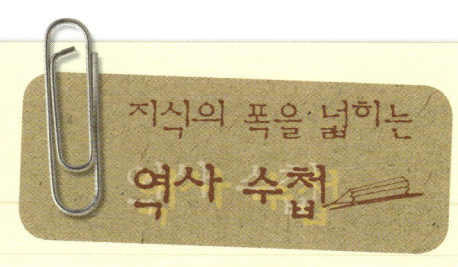

압록강 철교

압록강은 북한과 중국 사이를 흐르며, 길이가 모두 803킬로미터로 우리나라에서 가장 긴 강이다. 이 강은 물빛이 마치 '청둥오리의 머리처럼 푸르다' 하여 '압록강'이라는 이름이 붙었다. 한때는 염난수, 마자수 등으로 불리기도 했다.

압록강에 철교가 들어선 것은 1911년 10월의 일이다. 일제는 중국 대륙으로 진출하기 위해 1908년 8월부터 압록강 철교를 놓기 시작했다. 압록강 철교는 평안북도 신의주와 중국의 단둥까지 연결되는 다리로 길이는 모두 944미터이다. 다리 가운데에 철도를 깔았으며 양쪽으로는 2.6미터의 보도를 만들어 사람들이 걸어 다닐 수 있도록 하였다. 1932년에는 약 260만 명이 압록강 철교의 보도로 중국을 드나들었다고 한다.

▲ 압록강 철교

(한국 근대사의 분수령이 된 3·1운동)

　우리나라가 일본의 지배를 받기 시작할 무렵, 유럽에서는 여러 나라들이 두 개의 세력으로 나뉘어 다투고 있었다. 오스트리아, 헝가리, 독일 등 세 나라로 이루어진 '삼국 동맹국가(동맹국)'와 프랑스, 영국, 러시아로 이루어진 '삼국 협상국가(연합국)'였다.

　1914년 6월 28일, 오스트리아의 황태자 부부가 보스니아의 사라예보를 방문했다가 암살당했다. 이 사건이 제1차 세계 대전으로 커지게 될 줄은 아무도 예상하지 못했다.

　제1차 세계 대전은 '연합국'이 '동맹국'의 항복을 받고 1918년에 끝났다. 이때 세계의 여러 나라가 서로 편을 갈라 싸웠기 때문에 직접 전쟁에 나서지 않았던 나라들에게도 많은 영향을 주었다. 특히 아시아, 아프리카에서 식민 통치를 받던 나라들에게는 새로운 희망을 주기도 했다. 전쟁을 지켜보면서 우리나라도 일본 제국주의를 무너뜨리고 민주정치와 민족 국가를 세울 수 있다는 것을 알게 되었기 때문이다.

이 무렵, 러시아에서는 '러시아 혁명'이 일어났다. 러시아 혁명은 1905년과 1917년에 일어난 혁명 운동을 일컫는 말이다. 러시아 혁명을 이끌었던 레닌은 황제를 몰아내고 러시아를 사회주의 국가로 만들었다.

레닌은 그때까지 러시아의 지배를 받던 수많은 민족과 동양의 모든 노동자들에게 '민족 자결의 원칙'을 선언했다. 민족 자결이란 어떤 민족의 미래를 그 민족 스스로 결정하고 선택하는 것을 말한다. 레닌의 민족 자결주의 선언은 우리나라처럼 다른 나라의 지배를 받고 있던 나라들에게 커다란 희망을 주었다.

1918년 8월, 여운형과 장덕수 등 젊은 독립지사들이 중심이 되어 중국 상하이에서 모임을 가졌다.

"지금 세계는 민족 자결주의 바람이 불고 있습니다. 우리도 우리 민족의 힘으로 독립을 이뤄야 합니다."

"그렇습니다. 하루빨리 일제의 지배에서 벗어나기 위해 우리의 억울한 사정을 세계에 널리 알립시다."

"그러기 위해서는 조직이 있어야 합니다."

이런 의견에 따라 여운형 등은 '신한청년당'을 만들었다. 신한청년당에서는 김규식을 대표로 뽑아 1919년 1월부터 열리기로 예정된 파리 강화 회의에 보냈다. 파리 강화 회의란 제1차 세계 대전에서 승리한 나라들끼리 열었던 회의로 '파리 평화 회의'라고도 부른다. 이 회의에서 미국의 윌슨 대통령은 "모든 민족의 운명은 그 민족의 손에 달렸다."는 민족 자결주의를 선언했다.

"윌슨 대통령도 민족 자결주의 원칙을 선언했다는군."

레닌 |러시아의 혁명가이자 정치가.

"그렇다면 한국도 스스로 독립할 수 있다는 말인가?"

"그렇고말고. 이젠 일제가 꼼짝없이 물러날 때가 된 거야."

나라 밖의 소식을 듣게 된 사람들은 이런 이야기를 나누며 독립의 꿈에 부풀었다.

하지만 윌슨이 말한 민족 자결주의 선언은 레닌의 선언과는 차이가 있었다. 윌슨의 민족 자결주의는 제1차 세계 대전에서 패배한 동맹국(독일, 오스트리아, 터키 등)이 다스리던 식민지 민족에게만 해당되었기 때문이다. 그런데 영국, 미국 등 연합국에 속해 있었던 일본은 제1차 세계 대전에서 승리한 나라의 하나였다. 따라서 윌슨의 민족 자결주의 선언은 한국인들에게 아무런 쓸모가 없었다. 이런 사정을 잘 알지 못했던 한국 독립지사들은 금세 독립이 이뤄질 것처럼 기뻐했고, 큰 용기를 갖게 되었다.

이에 따라 1919년 2월 1일에는 만주, 연해주 등에서 활약하던 독립지사 대표 39명이 모여 한국의 독립을 요구하면서 독립 선언서를 발표했다. 이를 대한 독립 선언이라고 부르며 그때가 음력으로 무오년(1918년)이었다 해서 무오 독립 선언이라고도 한다. 무오 독립 선언은 조국의 광복과 독립을 처음으로 선언했다는 점에서 의의가 크며 곧이어 일어난 2·8 독립 선언과 3·1 운동에 매우 큰 영향을 주었다.

무오 독립 선언서가 발표된 지 얼마 지나지 않은 2월 8일, 일본에서 유학하던 한국인 학생 400여 명이 독립 선언식을 열었다. 이때 조선 청년 독립단 단장이며 유학생 대표였던 백관수가 독립 선언서를 낭독했다.

"조선 청년 독립단은 2천만 민족을 대표하여 정의와 자유의 승리를 얻은 세계 만국 앞에 독립을 이루기를 선언하노라. …… 우리는 일본이나 세계 각국이 우리 민족에게 자결의 기회를 주기를 요구하며, 그렇지 않으면 우리 민족은 생존을 위하여 자유의 행동을 취하여 독립을 이루기를 선언하노라."

유학생들은 독립 선언서를 낭독하기 몇 시간 전에 일본 정부와 조선 총독부, 여러 나라의 대사관이나 공사관, 일본의 신문사와 잡지사에도 같은 내용을 보냈다. 하지만 이날 행사를 가졌던 유학생들은 일본 경찰의 탄압을 받아 40여 명이 체포되었다.

해외에서 무오 독립 선언과 2·8 독립운동이 일어나자 나라 안의 애국지사들도 대규모의 독립운동을 일으킬 준비를 시작했다. 그 무렵, 독립운동을 이끈 것은 주로 천도교, 기독교, 불교 등 종교 단체였다. 일반 정치 단체는 일제의 감시와 탄압이 심한 나머지 꼼짝할 수가 없었다.

2·8 독립운동이 일어나기 전인 1919년 1월 22일, 덕수궁에 머물던 고종 황제가 갑작스럽게 세상을 떠났다. 그러자 수많은 사람들이 조선 총독부와 친일파 대신들을 의심했다.

"자네 소문 들었나? 글쎄 조선 총독부가 이완용이를 시켜 황제 폐하를 독살했다는구먼."

"설마 그럴 리가 있나? 하기야 명성 황후 마마도 거리낌 없이 해친 자들이니……."

이런 소문이 퍼졌지만 진실은 밝혀지지 않았다. 그럼에도 국민들의 반일 감정은 그 어느 때보다 높아졌다. 고종의 장례식은 1919년 3월 3일에 치를 예정이었다. 이런 때에 일본 도쿄에서 2·8 독립운동이 일어나자 국내의 종교 지도자들도 고종 황제의 장례식 때 대규모 만세 운동을 일으키기로 했다.

이에 따라 손병희, 권동진 등 천도교 지도자 15명, 이승훈, 양전백 등 기독교 지도자 16명, 백용성, 한용운의 불교 지도자 2명 등 모두 33명이 '민족 대표'가 되어 만세 운동을 준비해 나갔다. 그들은 먼저 독립 선언서와 '공약 3

▲ 고종 황제 장례식 |1919년 3월 3일에 치러진 고종 황제의 장례식 날 긴 행렬이 경운궁(덕수궁) 대한문을 지나고 있다.

장' 원고를 써서 수만 장을 인쇄하고 각 종교의 조직을 이용해 전국으로 배포하기로 했다.

그리고 만세 운동 날짜도 처음 정했던 3월 3일보다 이틀 앞당긴 3월 1일로 급히 바꿨다. 그 이유는 만세 운동으로 고종의 장례식을 소란하게 해선 안 된다는 판단 때문이었다.

이윽고 1919년 3월 1일 아침이 밝았다. 그날 탑골 공원에는 아침부터 학생들이 모여들기 시작했다. 일반 시민들도 만세 운동을 벌인다는 소문을 듣고 탑골 공원에 모이기 시작해 그날 정오가 되었을 때는 약 5,000명 정도가 공원을 가득 메웠다. 원래 이날 정오 공원에서 독립 선언식을 갖기로 했는데

▲ **한용운 초상** | 호는 만해이며, 민족 대표 33인 가운데 한 사람으로 독립 선언서의 공약 3장을 썼다.

민족 대표들이 갑자기 시간과 장소를 바꾸었기에 탑골 공원에 모였던 군중들은 어리둥절했다.

그때 학생 대표들이 나서서 질서를 잡았으며 독립 선언서 1,500여 장을 군중들에게 나눠 주었다. 정해진 시간이 되자 학생 대표 중 한 사람인 정재용이 단상에 올라가 독립 선언서를 낭독했다.

"오등은 자에 아 조선의 독립국임과 조선인의 자주민임을 선언하노라. 차로써 세계 만방에 고하야 인류 평등의 대의를 극명하며, 차로써 자손만대에 고하야 민족자존의 정권을 영유케 하노라……."

이렇게 독립 선언서를 낭독한 정재용은 두 손을 번쩍 치켜들며 "대한 독립 만세!"하고 선창을 했다. 군중들도 정재용을 따라 "대한 독립 만세!"를 외쳤다.

"대한 독립 만세!"

"대한 독립 만세!"

"대한 독립 만세!"

얼마 만에 소리 높여 부르는 만세인가. 군중들은 목이 쉬도록 만세를 부

▲ 기미 독립 선언서

르고 또 불렀다. 그들은 그렇게 마음껏 소리치며 저마다 감격의 눈물을 흘렸다. 만세 함성이 터져 나올 때마다 태극기가 물결쳤다.

"여러분! 우리 여기서만 이럴 게 아니라 거리로 나갑시다! 그 대신 모두 질서를 지켜 주십시오."

누군가 이런 제안을 하자 군중들은 흐트러짐 없이 탑골 공원을 나가 광화문 쪽으로 시가행진을 벌였다. 미처 탑골 공원으로 들어가지 못했던 사람들도 삼삼오오 행렬에 끼어들었다. 그 무렵에는 고종 황제의 장례식에 참석하기 위해 수많은 사람들이 지방에서 서울로 올라왔다. 그 사람들도 만세 행렬에 끼었다.

눈덩이처럼 불어난 시민들은 여러 무리로 나뉘어 서울 시내 곳곳으로 퍼져 나갔다. 한 무리는 종로에서 광화문 거리를 지나 서울역 쪽으로 향했고,

▲ 3·1 운동 당시 종로에서 만세 운동을 벌이는 사람들

다른 한 무리는 대한문 앞에서 만세를 부른 다음 구리개(오늘날의 을지로) 거리로 행진을 했다. 또 다른 무리는 진고개(오늘날의 충무로)에서 모여 만세를 불렀고, 그 무렵 서울에서 가장 넓은 거리인 육조 앞거리(오늘날의 세종로)도 독립 만세를 부르는 사람들로 가득했다.

한편 태화관에서 모였던 민족 대표들은 간단하게 식사를 마친 뒤 경찰에 연락해 자신들을 체포하라고 일렀다. 그때 일본 경찰 80여 명이 달려와 태화관을 에워쌌다. 민족 대표들은 그제야 독립 선언서를 낭독한 뒤 순순히 경찰에 끌려가 모두 감옥에 갇혔다.

민족 대표들이 처음부터 3·1 운동을 이끌기로 했으면서도 막상 때가 되었을 때 이렇게 행동한 것은 쉽게 이해할 수 없는 일이었다. 그들은 훗날 재판을 받으면서도 엉뚱한 변명을 늘어놓아 국민들의 분노를 사기도 했다.

"우리는 군중들이 흥분하는 것을 염려하여 탑골 공원에 나가지 않은 것이다."

"만약 일반 군중들이 폭동을 일으켰다면 우리가 만든 독립 선언서의 뜻과 조금도 관계없다. 그러니까 우리에게는 그 책임이 없다."

그런가 하면 민족 대표들 가운데 몇 명은 얼마 지나지 않아 친일파로 변절했거나 본래의 뜻을 굽히기도 했다. 하지만 민족 대표들의 이해할 수 없는 행동에도 아랑곳없이 3월 1일 낮, 서울 시민들은 남녀노소를 가리지 않고 거리로 나와 목청껏 만세를 불렀다. 그중에는 유관순과 같은 여학생들도 있었고 아이를 업은 아낙들도 있었다. 할머니, 할아버지도 있었고 코흘리개 아이들도 어른들을 따라다니며 만세를 불렀다.

수만 명이나 되는 시민들이 곳곳에서 만세를 부른다는 소식에 조선 총독부는 군중들을 진압하려다 결국 포기하고 말았다. 시민들이 모두 질서를 지키며 평화적으로 만세를 부르고 있는 데다 그 숫자가 너무 많아 진압할 엄두를 내지 못했기 때문이다.

3월 1일 정오부터 시작된 만세 운동은 그날 밤 자정이 되어도 그치지 않았다. 그날은 서울뿐 아니라 평양, 의주, 원산, 함흥 등 곳곳에서도 만세 운동이 일어났다. 이렇게 북쪽 지방의 만세 운동이 다른 곳보다 빨리 일어난 것은 기독교 쪽 민족 대표들이 평안도, 황해도 지역에 많이 살았기 때문이다.

3월 2일이 되자 서울과 북쪽 여러 도시에서 만세 운동이 일어났다는 소식은 온 나라에 퍼졌다. 곧 만세의 물결이 거친 파도처럼 나라를 뒤덮었다.

"총독 각하! 지금 조센징들이 곳곳에서 만세를 부르며 질서를 어지럽히고 있습니다. 진압해야 하지 않겠습니까?"

조센징 |한국인을 낮춰 부르던 일본어.

▲ **조선 총독부 건물** |일제가 1910년부터 1945년까지 우리나라를 식민 지배하기 위해 설치한 관청. 조선 총독부는 막강한 권한을 휘두르는 최고 행정 기관이었다. 이 건물은 1926년에 완공되어 사용되기 시작했고 본래의 조선 총독부는 남산 기슭의 '왜성대' 터에 있었다.

경무국장이 조선 총독인 하세가와에게 물었다.

"하하하! 지렁이도 밟으면 꿈틀한다더니 조센징들에게도 그런 자존심이 있었나? 그놈들을 진압하기 전에 더 이상 만세를 부르면 엄하게 다스리겠다는 경고를 하시오."

"알겠습니다, 각하!"

경무국장은 곧 총독의 이름으로 경고 담화문을 전국 곳곳에 붙였다. 하지만 학생과 시민들은 조선 총독부의 경고를 비웃듯이 만세 운동을 더욱 치밀하게 이끌어 나갔다. 며칠 후인 3월 5일 서울역 앞 광장에는 수만 명이 구름처럼 모여들었다. 군중들은 다시 태극기를 흔들며 독립 만세를 외쳤다. 그러자 며칠 동안 지켜보던 조선 총독부는 비로소 총칼을 앞세워 만세 운동을 이

끌던 사람들을 체포하기 시작했다.

일제 경찰은 태극기로 물결을 이룬 거리로 나가 닥치는 대로 사람들을 잡아갔다. 그래도 군중들이 물러서지 않자 시위대를 향해 총을 쏘기 시작했다. 곳곳에서 수많은 시민들이 실탄에 맞거나 총검에 찔려 쓰러졌다.

"이 천벌을 받을 놈들! 죽일 테면 죽여라!"

"대한 독립 만세! 만세!"

사람들은 이렇게 외치며 쓰러져 갔다.

지방도 사정은 마찬가지였다. 지방에서 만세 운동을 벌인 곳은 주로 읍내의 장터였다. 5일에 한 번씩 읍내에서 장이 서면 자연스럽게 많은 사람들이 모였다. 이때 농민과 상인들, 학생들이 한 마음이 되어 대한 독립 만세를 불렀으며 이에 흥분한 일제 경찰에 체포되거나 목숨을 잃었다. 결국 1919년 3월 1일부터 시작된 3·1 운동은 약 두 달 동안 전국 229개 지역에서 모두 1,500회나 일어났고 2백만 명이 넘는 사람들이 참가했다.

지방에서는 그냥 만세만 부른 것이 아니라 낫과 몽둥이 등으로 무장하고 면사무소, 군청, 헌병 주재소, 경찰서 등을 부수기도 했다. 그 결과 일제의 통치 기관 160곳이 피해를 입었다. 하지만 일본 경찰은 만세를 부르는 사람들에게 마구 총을 쏘아 모두 8천여 명이 사살되었다. 1만 6,000여 명이 크게 다쳤고 4만 7천여 명이 체포되어 형무소란 형무소는 만세 운동을 벌인 사람들로 들어설 틈이 없었다.

3·1 운동은 그 뒤 우리 민족은 물론 전 세계에 큰 영향을 끼쳤다. 3·1 운동은 나라 안에서 계몽 운동과 종교 활동을 벌이던 민족 대표들이 준비하면서 시작되었지만 진짜 주인공은 수백만 명의 이름 없는 학생, 농민, 일반 국민들이었다. 그들의 굽히지 않는 저항 정신과 용기, 1만 명 가까운 사람들의 거룩한 희생 덕분에 우리는 스스로 일어설 수 있는 독립 국가임을 온 누리에 알리게 된 것이다.

뿐만 아니라 3·1 운동은 한국 근대사의 분수령이 되어 오늘날까지 큰 영향을 주고 있다. 그리하여 우리나라의 근대사를 이야기할 때 3·1 운동 이전과 이후로 구분하고 있다.

오늘날의 헌법 전문(前文)은 "유구한 역사와 전통에 빛나는 우리 대한국민은 3·1 운동으로 건립된 대한민국 임시 정부의 법통과

<u>불의에 항거한 4·19 민주 이념을 계승하고……"</u>라는 대목으로 시작된다. 즉 오늘날의 대한민국이 3·1 운동에 뿌리를 두고 있음을 뜻한다.

3·1 운동은 농민과 노동자, 상공업자, 학생, 지식인 등 우리 나라의 모든 계층이 한마음으로 일제에 저항하고 스스로 독립을 찾기 위해 일어났다.

앞서 말한 것처럼 3·1 운동에 참여한 동포들 중에 8,000여 명이 목숨을 잃었다. 그렇다고 일제의 식민 통치가 끝난 것도 아니었다.

그렇다면 얼핏 보기에 3·1 운동은 실패한 것으로도 보인다. 그런데 왜 삼일절을 국경일로 정하고 해마다 그 뜻을 기리고 되새기는 것일까?

3·1 운동은 오늘날과 같은 공화주의 정치의 기틀을 마련했다. 그래서 상하이 임시 정부와 대한민국의 밑거름이 되었다. 공화주의란 나라의 주권이 모든 국민에게 있으며 여러 사람이 권력을 나누어 나라를 다스려 나가는 것을 뜻한다. 따라서 3·1 운동은 우리나라에서 5천 년이나 이어지던 임금 중심의 정치를 끝내는, 아주 중요한 의의를 가진다.

3·1 운동으로 감옥에 갇힌 사람들 중 지식인과 학생, 종교인 등 사회를 지배하는 계층은 20퍼센트 뿐이고 나머지 80퍼센트는 농민, 노동자, 상공업자, 무직자였다. 지식인들이 펼친 국민 계몽 운동 덕분에 대부분의 국민들은 스스로 나라의 주인이라는 생각을 하게 된 것이다. 그 때문에 3·1 운동 후에 만들어진 대한민국 임시 정부는 공화주의를 분명하게 내세우고 있다.

한편 3·1 운동은 일제로 하여금 '무단 정치'에서 '문화 정치'로 통치 방식을 바꾸게 했다. 무단 정치란 총칼을 앞세워 한국인들을 강압적으로 다스리는 정치를 말한다. 일제는 10여 년 동안 한국인들을 무력으로 짓밟다가 3·1 운동의 거대한 물결을 보고는 한국을 통치하는 방식을 슬그머니 바꾸었다. 훨씬 부드럽게 한국을 지배하겠다는 것인데 이러한 문화 정치는 속임수에 지나지 않았다. 일제는 문화 정치를 편 지 10년이 지난 1930년대부터 더 교활하고 악랄한 민족 말살 정책을 폈다.

한편 3·1 운동은 해외에 있던 독립지사들의 생각도 바꾸어 놓았다. 그들이 비폭력 독립운동보다는 무력을 써서라도 일제를 물리치는 게 낫다는 생각을 하게 된 것이다. 이는 민족 대표들이 3·1 운동을 평화로운 만세 운동으로 이끈 것이 별다른 성과를 얻지 못했기 때문이다. 그리하여 3·1 운동 이후 해외에서는 봉오동 전투와 청산리 대첩 등 무장 투쟁이 거세게 일어났다. 또 중국의 5·4 운동에도 영향을 주었다고 하며 식민 지배를 받던 나라의 국민들에게 큰 용기와 힘을 주었다.

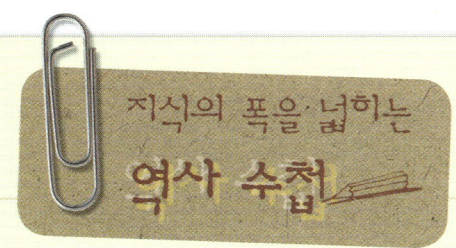

민족 대표 33인과 48인

민족 대표 33인 중 천도교와 기독교에 비해 불교계 지도자들은 2명에 지나지 않았다. 그것은 일제가 한일 병합 후 '사찰령' 등의 법을 만들어 한국의 절들을 일본식으로 바꾸려고 했기 때문이다. 또한 조선 총독부가 직접 모든 절과 스님들을 관리하고 감시했다. 만약 어떤 스님이 조선 총독부가 정한 규칙을 따르지 않거나 독립 운동에 뛰어들면 더 이상 수행 생활을 하지 못하게 한 것이다. 하지만 많은 스님들은 일제의 방침을 무시하고 깊은 산속에서 수행에만 전념했기 때문에 3·1 운동에 미처 뛰어들지 못했다.

한편 3·1 운동 때의 민족 대표는 33명이지만 어느 때는 48명을 일컫기도 한다. 즉, 천도교와 기독교, 불교 대표 33명과 최남선, 현상윤, 강기덕, 송진우 등 15명을 더해 민족 대표 48인으로 부를 때도 있다. 하지만 이들 15명은 독립 선언서에 서명을 하지 않았으며 대개 민족 대표라 하면 서명에 참가한 33명을 가리키게 되었다.

▲ 민족 대표 33인의 기록화

깊이를 더하는
역사 수업

▶ 3·1 운동의 현장

3·1 운동의 현장

3·1 운동이 처음 시작된 곳은 지금의 서울 종로구 계동과 가회동, 인사동, 안국동 주변이었다. 또 전국의 재래장터 곳곳에는 3·1 운동 기념비가 세워져 있어 그날의 뜨거운 함성을 느낄 수 있다.

중앙학교

3·1 운동을 처음으로 준비하고 여러 차례의 모임을 가진 곳은 서울 종로구 계동에 있는 중앙학교(오늘날의 중앙고등학교)였다.

중앙학교는 기호흥학회, 흥사단의 융희학교와 여러 학회가 힘을 모아 설립했다.

1919년 1월 하순, 일본 도쿄에서 유학하던 송계백이 중앙학교의 숙직실로 찾아가 교사 현상윤과 교장 송진우를 만났다. 이때부터 현상윤, 송진우, 최린, 최남선 등은 최린의 집과 중앙학교 숙직실을 오가며 3·1 운동의 틀을 마련하였다.

오늘날에도 중앙학교의 숙직실이 있던 자리에는 '3·1 운동 책원지'라고 적힌 기념비가 서 있다. 또한 이 학교의 마당 동쪽 편에는 3·1 운동 때와 똑같은 모습으로 숙직실 건물이 세워져 있다.

▲ 중앙고등학교 3·1 운동 기념비

○ 보성사 터

3·1 운동을 전후로 하여 우리나라 안팎에서 만들어진 '독립 선언서'가 여럿 있다. 그 가운데 일본 도쿄에서 한국인 유학생들이 만든 2·8 독립 선언서와 해외의 독립지사들이 만든 무오 독립 선언서, 그리고 3·1 운동 때 온 나라에 전해진 '기미 독립 선언서'가 널리 알려져 있다. 여러 독립 선언서 중 으뜸으로 꼽히는 기미 독립 선언서가 인쇄되기까지는 많은 어려움이 따랐다. 3·1 운동 무렵 우리나라에는 70여 개의 인쇄소가 있었다. 이 가운데 한국인이 운영한 인쇄소는 고작 열한 곳에 지나지 않았다.

1919년 2월 중순 최남선이 초안을 쓰고 한용운이 공약 3장을 덧붙인 기미 독립 선언서는 천도교에서 운영하던 보성사라는 인쇄소로 넘겨졌다. 보성사는 오늘날의 서울 종로구 수송동

▲ 보성사 터

조계사 후문 쪽에 있는 수송 근린 공원 자리에 있었다.

기미 독립 선언서의 인쇄는 1919년 2월 20일부터 시작되었다. 그때만 해도 인쇄 속도가 느려서 2만 장 넘게 인쇄하려면 시간이 오래 걸렸기 때문이다. 천도교의 손병희 교주와 보성사 이종일 사장을 비롯한 민족 대표들은 무엇보다 이 선언서가 인쇄되고 있다는 걸 숨겨야 했다. 따라서 이종일 사장은 기미 독립 선언서 인쇄가 모두 끝날 때까지 자리를 떠나지 않고 일일이 지켜보았다.

마침내 3·1 운동이 일어났을 때 이종일은 민족 대표의 한 사람으로 체포되어 감옥에 갇혔다. 하지만 일제는 이종일 사장으로 만족하지 않고 보성사의 공장장 김홍규, 총무 장효근 등 실무자들을 모조리 잡아 가뒀다. 뿐만 아니라 강제로 보성사의 문을 닫게 한 뒤 석 달 남짓 지난 1919년 6월 28일에는 보성사를 불태워 없애 버렸다.

오늘날 수송 근린 공원을 찾아가면 3·1 운동 때 보성사 모습을 담은 조각 작품과 이종일의 동상을 만날 수 있다.

○ 태화관

1919년 3월 1일, 민족 대표들이 모여 독립 선언서를 낭독한 곳은 태화관이었다. 서울 종로구 인사동 네거리 쪽에 있던 태화관에는 조선 전기 때부터 고관들이 살았고 일제 강점기에는 매국노 이완용이 새 주인이 되었다.

한일 병합 조약이 맺어진 지 얼마 안 되었을 때였다. 태화관의 태화정 마당에 있던 오래된 나무가 갑자기 벼락을 맞아 둘로 갈라졌다. 이를 두고 사람들은 매국노 이완용에게 하늘이 내린 천벌이라며 손가락질을 했다. 이완용도 겁에 질린 나머지 안순환이라는 사람에게 집을 팔아 넘겼다. 궁중요리사였던 안순환은 그 무렵 궁궐에서 나와 명월관이라는 음식점을 운영하고 있었는데 이완용의 집에 벼락이 치던 날 명월관에는 불이 났다. 안순환은 이완용의 집을 명월관의 지점으로 쓰기 위해 사들인 후 이름을 태화관으로 바꿨다.

태화관은 2층 건물이고 방이 여러 개라서 서울의 부자들과 친일파 관리들이 즐겨 찾았다. 민족 대표들은 이완용이 맺은 을사조약이 무효임을 강조하고 친일 매국노들이 팔아넘긴 나라를 되찾자는 뜻으로 태화관을 모임 장소로 정했다.

1919년 3월 1일 오후 2시 태화관에서 독립 선언식을 가진 민족 대표들은 80여 명의 일본 경찰의 포위 속에서 독립 만세를 외치고 스스로 체포되었다.

그 후 일제는 태화관이란 음식점을 다른 곳으로 옮기게 했고 그 터는 남감리교회 재단이 사들여 태화회관을 지었다. 오늘날 태화관 자리에는 12층짜리 태화빌딩이 있고 한쪽에는 '삼일독립선언유적지'라고 새겨진 기념비가 있다.

▲ 태화관 자리에 들어선 태화빌딩과 삼일독립선언유적지 기념비

○ **탑골 공원**

3·1 운동의 중심지인 탑골 공원은 서울 종로 2가에 있는 공원으로 1919년 3월 1일, 5,000명이 넘는 학생과 시민들이 모여 만세 운동을 벌인 곳이다. 독립 선언서를 낭독했던 팔각정과 3·1 운동 부조판, 손병희의 동상이 있어서 당시 이곳에 모여든 사람들의 뜨거운 애국심을 느낄 수 있다.

▲ 탑골 공원

교과연계

5-2 사회 1. 조선 사회의 새로운 움직임
 2. 새로운 문물의 수용과 자주독립